JULIO CASARES

TRANSFORMANDO GRAMA EM OURO

Como encontrar os tesouros escondidos do negócio
e enxergar soluções que ninguém mais vê

GERENTE EDITORIAL
Marília Chaves

ASSISTENTE EDITORIAL
Carolina Pereira da Rocha

PRODUTORA EDITORIAL
Rosângela de Araujo Pinheiro Barbosa

CONTROLE DE PRODUÇÃO
Fábio Esteves

PREPARAÇÃO
Gabriela Ghetti

PROJETO GRÁFICO E DIAGRAMAÇÃO
Balão Editorial

REVISÃO
Geisa Mathias de Oliveira

CAPA
Aila Regina da Silva

FOTO DE CAPA
hektor / Shutterstock

IMPRESSÃO
Cromosete

Copyright © 2014 by Julio Casares
Todos os direitos desta edição são
reservados à Editora Gente.
Rua Pedro Soares de Almeida, 114,
São Paulo, SP – CEP 05029-030
Telefone: (11) 3670-2500
Site: http://www.editoragente.com.br
E-mail: gente@editoragente.com.br

Dados Internacionais de Catalogação na Publicação (CIP)
(Câmara Brasileira do Livro, SP, Brasil)

Casares, Julio
  Transformando grama em ouro / Julio Casares. -- São Paulo : Editora Gente, 2014.

  Bibliografia
  ISBN 978-85-7312-953-3

  1. Administração de empresas 2. Atendimento ao cliente 3. Consumidores - Comportamento 4. Marketing 5. Planejamento estratégico 6. Serviços aos consumidores - Administração 7. Vendas e vendedores I. Título.

14-01605   CDD-658.802

Índice para catálogo sistemático:
1. Marketing : Administração estratégica :
Administração de empresas 658.802

AGRADECIMENTOS

Quero agradecer à minha família, aos colegas de trabalho e aos amigos que me ajudaram e me apoiaram na conclusão desta obra.

SUMÁRIO

Prefácio 7

Apresentação 11

Introdução 17

Capítulo 1 | Ideias na panela de pressão 23

Capítulo 2 | Inovação na liderança 39

Capítulo 3 | Os tesouros escondidos 53

Capítulo 4 | O método grama em ouro 73

Capítulo 5 | Crie a sua rede de ideias rentáveis 117

Capítulo 6 | Tire proveito do mundo sem fronteiras! 133

Capítulo 7 | Quando todos ganham, o sucesso é certo .. 139

Capítulo 8 | Sua paixão vai apaixonar muita gente 151

PREFÁCIO

Recentemente, o consultor norte-americano Bob Pike divulgou uma pesquisa com dados impressionantes sobre os profissionais que atuam nas empresas. O que mais me chamou atenção foi o seguinte: 6% dos colaboradores realmente pensam; 24% pensam que pensam; e 70% acreditam que pensar não é trabalho deles. Isso significa que 94% dos profissionais da sua empresa não pensam!

O que eles fazem?

Reclamam que precisam de mais verba, ficam chateados porque os clientes são duros na negociação, pedem uma quantia de dinheiro imensa para realizar os projetos...

Julio Casares é o meu ídolo para alavancar lucros, porque ele tem uma capacidade fantástica de encontrar tesouros escondidos nas organizações em que atua e reverter a lógica de que é preciso muito dinheiro para fazer dinheiro.

Quer alguns exemplos? Como cabeça do marketing do São Paulo Futebol Clube, ele transformou a grama do Estádio do

Morumbi, no ano em que o time ganhou um título importante, em uma das lembranças mais disputadas pelos torcedores (detalhe: o destino dessa grama seria o lixo). Outra sacada sensacional foi, ainda no São Paulo Futebol Clube, transformar uma área suja do estádio em uma das áreas VIPs mais lucrativas e valorizadas do mundo do futebol.

No SBT, onde era superintendente de rede, ajudou o canal de Silvio Santos a elevar a audiência com a ideia de criar um *remake* da novela *Pantanal*. Na Rede Record, em que implantou a área de projetos especiais e trabalha hoje como diretor, conseguiu conquistar uma bela fatia da verba publicitária que um grande anunciante, o Habib's, investia integralmente na Rede Globo, usando os direitos autorais de um personagem que estava esquecido. Esses exemplos e muitos outros *cases* inspiradores estão neste livro.

Tenho certeza de que na sua empresa, bem embaixo do seu nariz, existem gramas sendo jogadas fora. Existem novelas de sucesso esquecidas. Há cantos sujos que podem se transformar em áreas VIPs... Sim, há muitos tesouros escondidos que ainda precisam ser descobertos.

Neste livro, você vai aprender a ter ideias capazes de alavancar o crescimento da sua empresa sem precisar gastar uma fortuna em investimento.

Sabe o que você precisa para descobrir seus tesouros escondidos e transformar grama em ouro?

Primeiro, acreditar e procurar essas riquezas. Depois, ter criatividade para apresentar essas ideias gerando valor para seu negócio e para seus clientes. Por fim, deve saber apresentar essa grama da melhor forma, deixando bem claras as oportunidades que ela traz.

Eu sempre usei essa ideia de tesouro no meu trabalho e aqui vai o exemplo de um tesouro que tenho e não me custa nada: convites para minha palestra.

Frequentemente, depois que dou uma palestra o presidente da empresa em questão ou o empresário que me contratou me diz: "Que pena que o meu sócio (ou filho, ou diretor de vendas...) não estava aqui para escutar você".

Para mim, é relativamente fácil levar um convidado para assistir às minhas palestras. Então, costumo responder: "Me dá o telefone dele que vou convidá-lo para ir comigo da próxima vez".

Imagino que a maioria deles não leva a sério a minha resposta – acha que vou acabar me esquecendo e não vai receber esse convite.

Alguns dias depois, no entanto, minha secretária liga dando as coordenadas para esse convidado ir comigo a uma palestra.

Praticamente, não faço nada além de dar o nome e o telefone da pessoa para minha secretária e cumprimentar essa pessoa antes de a palestra começar.

Dou algo que não me custa nada, mas recebo em troca muitos presentes que têm imenso valor para mim.

Quando conheci o Julio, falei da ideia dos tesouros escondidos e ele me contou suas experiências. Vi que estava na frente de um mestre.

Então, pedi a ele que escrevesse um livro contando essas ideias. Em seguida, passei a indicá-lo para palestras empresariais.

Ele se transformou em um dos maiores palestrantes do Brasil, capaz de fazer as pessoas acreditarem que não precisam pedir verbas extras para realizar grandes negócios. Mais do que isso: ele impulsiona as equipes a criar uma atitude de criatividade para desenvolver ideias que dão resultado.

Tenho certeza de que você vai adorar este livro e a sua equipe vai aprender a buscar tesouros escondidos na sua empresa e transformar grama em ouro!

Roberto Shinyashiki
Psiquiatra, escritor e palestrante

Julio Casares é daqueles caras de quem se gosta gratuitamente; é difícil imaginar que exista alguém que não tenha essa percepção. Pelo seu carinho, sua amizade, seu companheirismo e sua presença toda vez que se precisa dele.

Tive a enorme honra de conhecê-lo e conviver profissionalmente no SBT, onde fizemos uma dobradinha comercial que passou por grandes momentos de verdadeiras conquistas. Foram alguns anos que marcaram uma trajetória de um baita sucesso, mesmo. E aí quis o destino que viéssemos a repetir essa fórmula magicamente vencedora na Record. Bem mais experientes, é claro, conseguimos buscar resultados comerciais ainda maiores.

Sou seu fã de carteirinha à frente de seu enorme desafio na Record e no marketing do São Pulo Futebol Clube também.

Walter Zagari
Vice-presidente da Record

APRESENTAÇÃO

No São Paulo Futebol Clube, temos vocação pelo pioneirismo e obsessão pela excelência em todas as áreas de atuação. Observo, com enorme satisfação, que nossa vice-presidência de comunicação e marketing tem se esmerado e logrado atingir tais objetivos com singular qualidade ao longo dos últimos anos.

Atualmente, o São Paulo Futebol Clube tem se aprimorado cada vez mais na criação de instrumentos de comunicação e fidelização do seu torcedor, que, afinal, é o cliente a ser conquistado e cativado, uma vez que quem lida com o futebol é, na verdade, vendedor de um produto singular chamado EMOÇÃO.

Não por acaso, as pesquisas mais recentes realizadas pelo Lance/Ibope e pelo Datafolha apontam a torcida do São Paulo como a que mais cresce no Brasil. Esse dado nos transmite a percepção de que trilhamos um caminho seguro para nos tornar a maior do país nos próximos anos. Essas mesmas pesquisas apontam que temos o maior crescimento dentre os mais jovens.

À frente desse trabalho, temos a satisfação de contar com o comando firme e seguro do nosso companheiro Julio Casares, que desde 2008 ocupa com galhardia a função de vice-presidente de comunicação e marketing do São Paulo Futebol Clube.

Conheci Julio Casares na condição de brilhante profissional de TV – função que exerce até os dias de hoje. A par de sua atuação profissional, Julio Casares sempre se mostrou um valoroso são-paulino.

Como é sabido, no São Paulo estamos sempre atentos ao objetivo de buscar, para colaborar em nossas gestões, os profissionais de destaque nas mais diversas áreas de atuação, dentre aqueles que professem nossas cores. E, que me desculpem o vitupério, para nossa felicidade não são poucos aqueles que congregam essas duas condições fundamentais.

Julio Casares é com certeza um desses casos. Ele está conosco desde 2002, com o Grupo de Executivos São-Paulinos, o GESP. Em 2005, tomou a frente da diretoria de marketing e, desde 2008, está na vice-presidência de comunicação e marketing. Julio tem sido peça fundamental para a realização de tantos projetos que redundaram em significativo destaque em favor do nosso clube.

Todos esses atributos credenciam Julio Casares a transmitir sua experiência nesta obra que, como tal, tem valor inestimável para a difusão do conhecimento teórico e prático sobre o tema a que se propõe.

Sendo assim, estamos certos de que todos os que tiverem a oportunidade de ler este livro serão brindados com informações valiosas e úteis para quem pretende conhecer o marketing de um grande clube de futebol e aplicar esses conceitos nos demais ramos de atividade.

Juvenal Juvêncio
Presidente do São Paulo Futebol Clube

Costumo dizer que sou um são-paulino de geração espontânea, pois não recebi nenhuma influência de família ou de amigos para torcer pelo São Paulo. Era um menino de roça quando o clube surgiu. Naquela época, não havia televisão, o rádio era incipiente, eu não lia jornais.

Ouvi dizer, na cidade em que ficava a escola que eu frequentava, que estava surgindo um time chamado São Paulo e me interessei pelo assunto, tornando-me torcedor. Morava no interior e acompanhava tudo à distância.

Uma das primeiras providências que tomei ao chegar à capital paulista, em fins de 1945, foi virar sócio do clube. Anos mais tarde, em 1952, o Tricolor vivia situação financeira muito difícil e poderia, novamente, ter desaparecido, como já ocorrera anteriormente.

Um grupo de amigos entendeu que eu poderia ajudar nessa fase delicada do clube por ser diretor de banco. Fui então convidado pelo saudoso Cícero Pompeu de Toledo para atuar como diretor de finanças, cargo que ocupei por seis anos. Posteriormente, fui presidente do São Paulo por quatorze anos.

Nosso querido time estava endividado e a venda do Canindé, sua primeira sede, era necessária para amenizar as dívidas. É um milagre ver o tamanho do patrimônio atual do São Paulo. Imagine um clube mergulhado em dívidas lançar um projeto de construção de um estádio de grande porte, algo que sempre foi um sonho da torcida desde a fundação.

Digo um milagre porque o Morumbi, como é popularmente conhecido o Estádio Cícero Pompeu de Toledo, não teve um centavo de dinheiro público, nem empréstimo bancário, nem do próprio São Paulo, até porque ele não tinha dinheiro. Aqui entra o que modestamente se chama de marketing, tema deste livro escrito por um capacitado especialista no assunto. O estádio demorou dezoito anos para ser construído, o que costumo chamar de "obra de igreja". E qual foi a receita para tanto? A venda de ideias.

Nas décadas de 1960 e 1970, a receita era o minguado conteúdo da área social e a bilheteria dos jogos. Entrava em cena, então, a venda de títulos patrimoniais, cadeiras cativas, campanhas publicitárias de todo tipo...

Posso garantir que o Mais Querido não fazia feio, embora também não ganhasse títulos durante o período da construção do Morumbi. É óbvio que a torcida se impacientava com a falta de taças. Como presidente, eu costumava falar muito à mídia, e assim dizia aos são-paulinos: "Precisamos primeiro consolidar o patrimônio para depois ter receita assegurada".

O estádio tricolor leva merecidamente o nome do saudoso Cícero. Se, porém, aquele que é um dos maiores patrimônios esportivos privados do planeta tivesse um subtítulo ele seria, sem dúvida, fé e perseverança.

Hoje, o Morumbi é uma arena multiuso, em que também se pratica futebol. A transformação de seu conceito se deu na implantação e no despertar da melhor ocupação de seus espaços ociosos. Primeiro, a construção de uma Megaloja de 720 metros quadrados, com ampla visão do campo de jogo, algo inédito no Brasil.

Depois, restaurantes, livraria, buffet infantil, academia de ginástica... Tudo incorporado às dezenas de camarotes corporativos que fazem do estádio um polo de entretenimento, negócios e lazer da cidade de São Paulo. Esse novo conceito desenvolvido por um detalhado Plano Diretor de Marketing capacitou o Morumbi a reverter uma situação deficitária para uma unidade de negócios superavitária, que contribui de maneira decisiva para o fortalecimento das receitas da instituição, elevando seu patrimônio, agregando valor ao parque social do clube, tornando o time de futebol cada vez mais competitivo e oferecendo aos brasileiros uma ótima alternativa de convívio e lazer às suas famílias. Por fim, uma obra sonhada e desenvolvida pela triologia "FÉ, PERSEVERANÇA E MARKETING".

Laudo Natel
Ex-governador de São Paulo e patrono
do São Paulo Futebol Clube

INTRODUÇÃO

Sempre gostei de inventar ações que mobilizassem as pessoas. Comecei a fazer isso bem cedo, na década de 1970, quando ainda era criança. Adorava jogar bola com meus amigos na rua do bairro em que morávamos, Itaquera, na zona Leste da cidade de São Paulo. Aliás, sonhava ser jogador de futebol! Era vidrado por esse esporte e me tornei são-paulino como o meu pai, seu Olean Casares, de quem herdei o amor à camisa tricolor. Certa vez, quando eu tinha uns 10 anos, resolvi montar um campeonato de futebol. Reuni a criançada e desenhamos uma taça para o torneio. Não precisou ser nada muito sofisticado para motivar a molecada a dar tudo de si pelo time: o troféu era uma lata grande de leite em pó. Assim surgiu o campeonato que batizamos na época de Copa Ninho. Sem saber, mesmo, de maneira intuitiva, realizamos o "Naming Rights" do campeonato. Naquela época, essa prática do marketing de batizar eventos com o nome da marca patrocinadora nem existia! O nosso patrocínio foi o seguinte: fomos ao mercadinho local e ganhamos umas latas de leite Ninho para delírio da garotada. Desde então nunca mais parei de ter ideias e correr atrás para que elas fossem viabilizadas. Posso dizer que foi isso que pautou minha trajetória profissional.

Estudei todo o ensino fundamental em uma escola pública, e não teve jeito: precisei desistir do sonho de ser jogador profissional para trabalhar. Nunca houve fartura em casa e posso dizer sem qualquer vergonha que éramos de uma família pobre. Com 14 anos, tornei-me office-boy do grupo Pedro Ometto. Meses depois, virei escrevente no 27º Cartório de Notas. Acabei me formando em Direito, trabalhei como advogado no antigo Banco Bamerindus, fui radialista, professor, assessor da presidência da Câmara Municipal de São Paulo, ajudei a fundar o Partido da Frente Liberal (PFL). Em 1992, ingressei no SBT, primeiro como assistente e depois como gerente, diretor e superintendente nacional da rede de afiliadas. Hoje posso me orgulhar de ser diretor de Estratégia e Projetos Especiais da Rede Record de Televisão. Também atuo como membro do Conselho de Autorregulamentação do Mercado Publicitário (Conar) e do Conselho Executivo das Normas-Padrão (Cenp), que regulam as atividades publicitárias. Entre 2004 e 2006, ainda fui presidente da Associação Brasileira de Marketing e Negócios (ABMN).

Ao longo da minha carreira, aprendi que, mais do que ter ideias, você precisa que elas sejam rentáveis e se sustentem. No meu trabalho com projetos especiais da Rede Record de Televisão, recebo muitos projetos maravilhosos, mas inoportunos por estar em conflito com a legislação, ser inadequados financeiramente... Não vão para a frente. Uma boa ideia precisa de mais do que uma sacada genial: tem de estar dentro do plano de investimento, tem de ser bem regada, bem trabalhada e capaz de gerar receita. O que eu vou mostrar neste livro é como ter essas tais ideias certas, que eu chamo de tesouros escondidos. Você vai aprender a fazer o trabalho da área de marketing ir muito além da embalagem do produto, de colocar glamour no lançamento, fazer o consumidor desejá-la por meio de uma propaganda bem elaborada... Vai aprender a fazer com que tudo isso (que, sim, é muito importante) resulte em venda.

O maior trunfo de uma ideia é agregar valor ao negócio. Todo mundo precisa vender. No meu caso, a necessidade é vender um projeto na televisão; para um marceneiro, vender um bom armário; para um pintor, vender um serviço benfeito... E por aí vai. Uma ideia ótima que não é vendida não resolve o problema de ninguém. Então, se você for parar para pensar, não é só a área de marketing que precisa de ideias que gerem vendas. Todos os envolvidos em um negócio precisam delas também. Não importa se você é um profissional liberal, se é um empreendedor ou se trabalha para uma microempresa ou uma multinacional. Em todo lugar precisa fazer o quê? Vender.

A boa notícia é que todo mundo é capaz de ter ideias maravilhosas. Todos nós temos momentos de grande inspiração, não é mesmo? Seja pela necessidade, seja até pela vagabundagem – afinal, mesmo quando você não está fazendo nada, sentado numa rede tomando uma cervejinha, pode surgir uma grande ideia. E é nesse momento que você tem de tentar viabilizar essa ideia. Quando sua criatividade encontrar a viabilidade, você vai ter o que chamo de tesouro escondido. Aqui neste livro você vai saber como é possível garimpar e chegar até esse tesouro que pode revolucionar uma empresa, um novo negócio, um projeto.

Reuni os tesouros escondidos que encontrei na minha trajetória profissional em redes de televisão, como a ideia de fazer o *remake* da novela *Pantanal*, no SBT; e a criação do projeto Recordistas. Você também vai encontrar bons exemplos do que consegui fazer no meu trabalho voluntário à frente do marketing do São Paulo Futebol Clube, onde criei o Grupo de Executivos São-Paulinos (Gesp), um órgão com pessoas com *know-how* da iniciativa privada que atuassem como consultores. Tudo o que aprendi durante anos, enquanto trabalhei com publicidade, propaganda, compra de eventos esportivos e comandando 116 emissoras afiliadas do SBT em todo o país, também se tornou um grande ensinamento em prol do meu querido time. Sinto orgulho em dizer que a década de 2000, que parecia fadada ao fracasso pelos primeiros anos ruins do Tricolor, terminou celebrando o São Paulo como clube da moda.

Espero que você termine a leitura certo de que encontrou inspiração para sair do lugar-comum e, assim como eu, achar soluções inteligentes e rentáveis que possam promover uma reviravolta positiva na corporação que você comanda, na empresa em que trabalha, no seu negócio próprio. Prepare-

-se para enxergar tesouros escondidos e ganhar muito com isso. Descubra valor onde ninguém viu e transforme isso em dinheiro e sucesso.

CAPÍTULO
1

IDEIAS NA PANELA DE PRESSÃO

O setor de marketing de toda empresa está sempre trabalhando sob pressão – e totalmente conectado ao setor de vendas. Como se não bastasse a falta de dinheiro para investir, junto sempre vem uma enorme pressão para reverter a situação com rapidez. De preferência, antes da concorrência, claro! Meu trabalho diário é enfrentar a concorrência fortíssima da Rede Globo. Brinco dizendo que nunca trabalhei na Globo, porém sempre trabalhei atirando de estilingue umas pedrinhas nela! Não existe escola melhor do que ter de competir com um gigante para quem quer ficar craque em ter ideias que vão para a frente, para quem precisa treinar a criatividade e tirar sempre novos coelhos da cartola. Todos os dias preciso dar o tiro certo para convencer o responsável pela mídia de determinada marca que é melhor colocar a verba dele no meu canal do que em trinta segundos no *Jornal Nacional*. E isso é muito difícil porque envolve correr riscos, algo que ninguém quer fazer quando se trata de investir dinheiro; afinal, ninguém quer sair da zona de conforto. Contudo, nós, que estamos na concorrência, precisamos oferecer condições e oportunidades de negócios diferenciados para vender. Da mesma maneira que eu preciso dar um tiro certeiro para atrair a atenção do cliente, do anunciante ou de qualquer parceiro a ser conquistado, preciso mostrar que aquilo que ofereço também é um tiro certeiro para ele – resolve um problema, gera renda, traz faturamento ou notoriedade, ou tudo isso ao mesmo tempo, quando a ideia é boa.

No caso do São Paulo Futebol Clube, minhas ações sempre foram motivadas pelo objetivo de chegar na frente dos outros times! Talvez o maior desafio das empresas hoje seja justamente esse: conseguir se sobressair às demais. Isso se torna cada vez mais difícil porque a competição entre marcas, produtos e serviços é feroz e cresce a cada dia. Imagine, então, quando se trata do mercado da paixão nacional! A expectativa acaba caindo sobre as áreas de vendas e marketing, que precisam estar sempre atualizadas e atentas às movimentações do mercado e às tendências de comportamento do cliente para conseguir surpreender e se diferenciar.

Normalmente, os profissionais precisam trabalhar com prazos curtos e pouquíssimo dinheiro para fazer uma campanha. Por isso, ganha destaque aquele que consegue fazer muito com pouco. É preciso ter uma ideia certeira porque, muitas vezes, você só pode gastar uma bala para acertar o alvo. Um gerente de marketing pode se perguntar muitas vezes: "Como é que vou entregar esse projeto se minha verba é a metade do que eu precisava?" Todo mundo que trabalha com marketing vai se fazer essa pergunta em algum momento. E aí é preciso ter muito jogo de cintura, e eu acho que é essa capacidade o tema principal deste livro. Um bom gerente de marketing pode até ficar nervoso no primeiro momento, todo mundo é humano, mas respira fundo e se vira. Porque ele vai precisar de um bom drible de corpo para negociar com os fornecedores preços mais competitivos; para engajar o time e fazer com que a equipe trabalhe pesado por uma recompensa que, no final, pode não ser nem financeira e por aí vai. Claro que o dia a dia é puxado e que as responsabilidades caem sobre suas costas e bate aquele cansaço – se você for líder de uma equipe, há ainda mais desafios! Entretanto, a satisfação de ver um projeto ser benfeito com o mínimo de recursos possível e de, no fim, dar tudo certo e oferecer os parabéns para cada um dos responsáveis é enorme.

O mesmo tipo de pressão sofre o departamento comercial, que garante o faturamento de qualquer empresa. Sem falar que o dia a dia dos vendedores é cheio de altos e baixos. Eles ficam quebrando a cabeça para encontrar uma estratégia de vendas que faça o cliente assinar o pedido. É preciso lidar com as negativas, com as reclamações de que o preço é alto demais e ao mesmo tempo olhar para o lado e ver o concorrente vendendo sem parar. Porque a sensação que nós temos é essa, que o concorrente arrasa sem o menor esforço, enquanto pensamos: "O que será que ele está fazendo que eu não faço?" Essas questões assombram vendedores e seus líderes. Afinal, eles são os responsáveis por fidelizar clientes – missão complicadíssima em tempos de competitividade extrema. Em seus devaneios, os vendedores se perguntam se não haveria uma maneira de encantar mais os clientes e tornar as vendas mais fáceis, quase de modo automático. No entanto, em vez de mudar a estratégia e achar um novo caminho, eles se mantêm na mesmice e sempre ficam com a incerteza: "Será que vamos conseguir vender um pouco melhor amanhã?"

Quem está no comando também sofre. Você pode pensar que não, mas um empresário, ao olhar todas as áreas, fica tenso com as metas. Certamente está com um olho colado no departamento de marketing, crucial para o crescimento da empresa, e outro no de vendas. É claro que um empresário precisa ter total confiança na equipe para que as engrenagens trabalhem bem e todo mundo esteja alinhado para atingir o mesmo objetivo, mas a tensão do mercado e dos concorrentes faz com que ele passe noites e fins de semana pensando em como melhorar o funcionamento da empresa, como vender mais, como inovar, como ter uma ideia genial para que, no fim do ano, as contas fechem no azul e tenha muito o que comemorar.

O empreendedor vive um drama muito parecido com os demais. A tensão é ainda maior porque, na maioria das vezes, ele é faz-tudo em seu negócio ou não tem uma equipe muito grande – em alguns casos, ele está sozinho lutando para ter ideias que façam seu empreendimento decolar. É inevitável que bata a insegurança: "Como é que eu vou fazer o marketing do meu negócio se nem tenho equipe suficiente? Devo investir em um site? Em uma rede social? Em panfletos para espalhar pela vizinhança? E se eu investir todo o dinheiro que peguei emprestado no banco e não der certo? Como vou fazer para pagar? E para o meu negócio sobreviver?" A insegurança e a incerteza não param de rondar. Como você pode ver, em qualquer posição em que esteja, o maior desafio desses tempos é fazer a coisa certa com poucos recursos.

COMO FAZER DINHEIRO SEM DINHEIRO?

Outro problema do marketing é a falta de verba. Certamente você já viveu (ou vive) essa realidade, não é? Um dos primeiros desafios que encontrei, quando me tornei diretor do Gesp, foi o de tornar o Morumbi rentável. Para quem não sabe, o estádio que é hoje o Morumbi Concept Hall, palco de grandes shows e motivo de grande orgulho para os são-paulinos, foi até 2002 o centro de custos que apresentou os maiores prejuízos ao São Paulo. Mais do que o futebol profissional, do que a área social, do que qualquer outra operação do clube. Havia até quem chamasse o Morumbi de um verdadeiro elefante branco. Em 2005, quando eu estava havia poucos meses à frente da diretoria de marketing, fui convocado para apresentar ao Conselho Deliberativo do São Paulo o novo contrato de material esportivo assinado com a Reebok. Também me foi pedido que falasse de maneira mais ampla sobre o conceito de marketing que o clube adotaria dali para frente. Lembro-me bem de que eu era desconhecido de muitos conselheiros e fui alvo de descrédito naquela reunião, quando sugeri que o passo inicial para aumentar a receita do estádio seria a construção de uma megaloja, custeada pela Reebok, e com visão total do campo de futebol. Ao subir no palco e começar a falar do projeto, ouvi me chamarem de louco. "Imagina que alguém vai entrar nessa loja. O São Paulo vai cometer um grande erro ao acreditar nessa bobagem", disse um conselheiro. Sorte que o presidente, Marcelo Portugal Gouvêa, e Juvenal Juvêncio, então diretor de futebol, ignoraram as previsões pessimistas e mostraram coragem ao votar a favor do Morumbi Concept Hall.

Outro grande desafio foi conter a evasão de sócios. Vamos fazer uma viagem no tempo e voltar à década de 1970. Naquela época, a febre em São Paulo era ser sócio de um clube de futebol. O Juventus chegou a contar com mais de 100 mil associados no bairro da Mooca. A Portuguesa tinha outros 60 mil. Os grandes clubes seguiam na mesma linha, alcançando grandes arrecadações com seu quadro associativo. Contudo, os anos passaram e a tendência se inverteu.

Na década de 2000, o departamento social se tornou um dos grandes vilões no orçamento de São Paulo, Corinthians, Palmeiras e Santos. O futebol tinha de gerar receitas para cobrir as próprias despesas e também os prejuízos da parte associativa. O Juventus, que chegou a ser o maior clube da América Latina, hoje não tem mais do que dois mil sócios.

No início de 2006, os seguidos *déficits* da parte social do Tricolor levaram o presidente Juvenal Juvêncio a convocar uma reunião de emergência. Todos os diretores estavam intimados a pensar em ideias que ajudassem a combater os rombos causados pelo clube. E Juvenal não costuma aceitar "não" como resposta.

O marketing, então, resolveu entrar fortemente no assunto. Diagnosticamos que a perda assustadora de sócios estava relacionada à violência da cidade e em especial à concorrência dos condomínios. Qualquer prédio de médio porte hoje tem piscina. Outros contam ainda com quadra, sauna, churrasqueira, pista de *cooper*, sala de musculação... Sem falar na questão da segurança e da praticidade: basta entrar no elevador para ter acesso a muitos dos serviços disponíveis em um clube. Entretanto, como combater essa concorrência? Por que alguém sairia do condomínio? Era preciso encontrar um diferencial para o São Paulo. E não havia muita margem para erro, pois as contas já estavam no vermelho. O meu papel ali era de correr atrás de ideias que fizessem a conta fechar. Ou seja, ganhar dinheiro sem ter dinheiro em primeiro lugar.

OS CINCO CULPADOS PELA FALTA DE CRIATIVIDADE

Se você se sente como se estivesse sufocado em uma panela de pressão, dificilmente alguma boa ideia vai sair da sua cabeça. Isso faz com que seu negócio ou a empresa em que você trabalha fique estagnado, sem saber para onde ir e sem visão do todo no mercado em que se insere. Não tenho uma solução para acabar de vez com a pressão sobre as áreas de marketing e vendas. A pressão é normal em qualquer empresa que queira crescer e abocanhar uma fatia cada vez maior do mercado; a pressão, na verdade, nos impulsiona a entrar nos desafios sem medo. O problema é que ela nunca vem sozinha. Eu identifiquei ao longo dos anos os cinco maiores problemas que chegam de carona. Será que não é justamente isso que você está presenciando neste momento?

1 | Metas inatingíveis. A pior coisa para uma equipe comercial é quando a pressão vem acompanhada de metas que precisariam do dobro da equipe para acontecer. Esse é o caminho mais curto para desestimular a área comercial. O bom vendedor sempre deseja buscar e realizar metas, ganhar prêmios e ser contemplado com bônus. Quando, porém, a meta é elaborada sem nenhuma visão mercadológica, o desânimo abate o líder e aí a contaminação vai para toda a equipe. Afinal, todos sabem que aquilo está completamente fora da realidade. A meta deve ter o mercado e a concorrência como balizadores, além da efetiva compreensão de lançamentos e crescimento da participação da sua empresa no mercado.

2 | Falta de motivação. Quando a empresa sofre com falta de verba, é natural que o desânimo tome conta, e não existe solo menos propício às boas ideias do que esse. A ausência de recursos, que poderia ser uma boa oportunidade para a criatividade aflorar, acaba, na verdade, alimentando a mesmice. Em um cenário assim, ninguém se sente motivado e no fim todos têm as mesmas ideias de sempre – e se elas fossem boas, certamente já teriam trazido resultado. Para completar, enquanto passa por esse sufoco, você vê o concorrente que viveu o mesmo problema dando a volta por cima. Como será que ele conseguiu?

3 | Investimento para o lado errado. Um dos maiores desafios da área de marketing é trabalhar com pouco dinheiro e saber investir bem. Hoje, um diretor de Marketing diz: "Puxa!

Para eu anunciar e vender um produto, precisaria ter quatro ou cinco vezes mais do que a verba orçamentária que tenho. O que fazer?" Atualmente, o trabalho do marketing é muito restrito. Ele tem apenas um único tiro e deve acertar no alvo. É comum uma empresa passar por essa dificuldade e acabar sem saber para que alvo mirar. No entanto, o pior de tudo é partir para a ação sem antes ter gastado muito papel e caneta. Leia-se: agir abrindo mão do planejamento. Muita gente acha que ser brilhante é ter a primeira ideia que aparece e sair fazendo, entretanto não é bem assim. Tomar atitudes sem pensar, acreditando que isso é sinônimo de ser agressivo no mercado, é como comprar um voo direto para o fracasso. Em geral, passa por isso quem não fez um planejamento estratégico adequado nem cumpriu o exercício da sua missão corporativa. Fica como um navio à deriva no meio do oceano.

4 | Pouca popularidade da marca. Essa dificuldade é comum quando a empresa está no primeiro degrau de uma longa escada, como, por exemplo, empreendedores que estão lançando um novo negócio no mercado. Há também marcas que, mesmo sendo famosas, sofrem alto grau de rejeição – como é o caso dos times de futebol, que são amados pelos torcedores e odiados pelos rivais. Se sua marca está sofrendo com esse problema, certamente você está pensando em ideias para blindá-la. E aí não tem jeito: vai precisar estabelecer um percentual no seu orçamento de investimentos para fazer propaganda e publicidade institucional da marca. Com isso, ela vai ganhar prestígio e valor e se fortalecer no mercado.

Entretanto, ainda ficam as questões: "Quais são as melhores ideias para conseguir essa façanha? Como fazer algum consumidor se lembrar da marca?"

5 | Dificuldade para vender mais. A boa e velha conta feita no papel do pão é válida em qualquer tempo: você precisa ganhar mais do que gasta para obter lucro. Então, a regra básica é comprar bem para vender ainda melhor. Outra vez o marketing e a propaganda são imprescindíveis. A empresa tem de ter um equilíbrio orçamentário e segui-lo com rigidez. Não há outra saída. Na prática, não é tão simples assim. Tudo custa dinheiro. E muito dinheiro. Portanto, conseguir ter ideias que driblem os altos gastos e que ainda rendam resultados surpreendentes é uma saída que faz toda diferença.

CONCORRÊNCIA NA MARCAÇÃO CERRADA

Fora os problemas da pressão dentro da empresa, existe sempre a necessidade de analisar o que acontece com os concorrentes. Se há uma palavra com a qual as empresas lidam o tempo todo é "concorrência". Não importa o tamanho ou o setor, ela existe e é massiva. Os consumidores estão prontos para escolher os produtos ou serviços que mais lhe pareçam vantajosos. Quer ver um mercado que está em ebulição e cheio de disputas e é exemplo do que estou falando? O de celulares. A guerra das fabricantes de *smartphones* aumenta a cada ano. Samsung e Apple disputam o topo, mas, além disso, precisam se preocupar com o crescimento de marcas menores que roubam *market share* com preços mais competitivos.

A sul-coreana está em primeiro lugar nas vendas e, de acordo com seu balanço anual, vendeu 54% mais *smartphones* em 2013 do que em 2012. A Apple, por sua vez, teve uma venda recorde de celulares por causa do lançamento do iPhone 5: foram 31,2 milhões de aparelhos vendidos. A empresa de Steve Jobs é uma das mais robustas, aparecendo como a companhia de tecnologia mais valiosa de 2013 no ranking da revista norte-americana *Fortune* – e o crescimento da gigante não deve parar e há rumores de que, para aumentar ainda mais suas vendas, a Apple deva produzir *smartphones* mais baratos e, para isso, deva fazer uma parceria com uma empresa chinesa. Juntas, Samsung e Apple ainda dominam o setor, com 41% de *market share*, mas marcas como LG e Lenovo aumentaram a participação no mercado. Segundo uma pesquisa da consultoria International Data Corporation (IDC), feita em 62 países e divulgada em 2013, o segmento de *smartphones* teve uma expansão mundial de 6% em comparação com o ano anterior – e as pequenas aumentaram sua participação no mercado.

Para deixar essa guerra ainda mais quente, em setembro de 2013 surgiu uma grande possibilidade de concorrência para Samsung e Apple no setor de *smartphones*. Isso porque a Microsoft comprou a divisão de mobile da Nokia por 7,81 bilhões de dólares, entrando de vez no mercado dos *smartphones*. A expectativa da Microsoft é aumentar a participação nesse mercado saindo dos atuais 5% e alcançando 15% em cinco anos. A meta é, até 2018, vender 1,7 bilhão de celulares, alcançando um lucro de 45 bilhões de dólares. Além disso, a Microsoft precisa, também, se tornar popular e, para isso, vai ter de bater de frente com Samsung, Apple, LG e Lenovo, há mais tempo nesse mercado. Certamente vai ganhar essa disputa quem tiver as melhores ideias primeiro.

QUEM NÃO CRIA SE ESTRUMBICA

Concordo com a frase imortalizada pelo saudoso Chacrinha: "Quem não se comunica se trumbica". Não adianta ter um produto bem-acabado, com a cara do público-alvo, inovador e escondido nas gavetas da empresa. Mais do que nunca, deixar na manga uma boa estratégia de divulgação e de convencimento de vendas é fundamental para uma empresa crescer e se estabelecer. Com a concorrência acirrada, é fundamental atrair a atenção e cativar os consumidores. Contudo, peço uma licença poética para ir além nesse conceito. Afinal, não basta apenas comunicar. É preciso surpreender e achar tesouros escondidos em seu negócio. É disso que a Samsung e a Apple precisam para se manter no topo. É isso que a Microsoft precisa para ganhar espaço no mercado. E isso significa que eles precisam o tempo todo colocar a criatividade para funcionar.

As ideias são tão importantes que as empresas estão começando a tratar a área de marketing não apenas como um departamento que serve para vender cada vez mais e mais produtos (embora isso seja importantíssimo), mas como um setor que está ali para ajudar a garantir satisfação aos consumidores. Guy Kawasaki, fundador da Alltop, empresa de busca de conteúdo, costuma dizer o seguinte: "Quando você encanta as pessoas, o seu objetivo não é arrancar dinheiro delas ou fazer com que elas façam o que você quer, mas enchê-las de satisfação". E é isso o que uma excelente área de marketing faz. Ela acaba se tornando uma parte fundamental do desempenho e do crescimento das empresas, como é o caso do marketing do São Paulo, que ajudou e continua ajudando o clube a ter cada vez mais torcedores. Tanto que o CEO da Zappos, loja *on-line* norte-americana, Tony Hsieh, diz que "a sua cultura é a sua marca". E não dá para ter uma cultura forte sem ter um marketing forte, com ideias brilhantes.

Por ser um setor estratégico, as empresas investem pesado em marketing quando querem atingir objetivos grandiosos. É o caso da Coca-Cola, conhecida por suas campanhas bem-sucedidas e presente em todo o mundo, que promete a maior campanha de marketing da história durante a Copa do Mundo de 2014. Chuveiros de Sprite nas praias cariocas e distribuição de produtos da marca nas favelas brasileiras estão entre as ações prometidas pela companhia. O aumento do investimento no setor tem como objetivo dobrar o crescimento da empresa até 2020. O São Paulo estabeleceu objetivos grandiosos: almejamos ter a maior torcida do Brasil em 2022. Parece quase megalomaníaco, mas saímos da sétima posição na década de 1990 e passamos para a terceira torcida no início dos anos 2000. Nessa progressão, principalmente pelo ganho de adesão entre as crianças, chegaremos lá. E até já sabemos como fazer isso – o time precisa ser sempre muito competitivo e disputar os principais títulos, aliando a atuação em campo ao nosso esforço de planejamento, esforço, trabalho em conjunto e estratégias que apresentarei durante o livro.

CAPÍTULO

2

INOVAÇÃO NA LIDERANÇA

Se a concorrência é acirrada e as inovações acontecem o tempo todo, fica claro que quem fica parado perde espaço com rapidez. Então, você pensa: "Tudo bem, tem de inovar e surpreender até ser a maior empresa do seu segmento, depois pode relaxar". Aí é que está o grande erro. Quem não cresce e não inova se dá muito mal. E quando eu digo muito mal é muito mal mesmo. Não acredita? Então vou provar por que faz tempo que a liderança deixou de ser uma posição segura. Se você tem mais de 20 anos, tente se lembrar das datas comemorativas da sua família. Sua mãe devia sempre estar com uma máquina fotográfica analógica e lá dentro um rolo de filme que, muito provavelmente, seria Kodak – e talvez a própria câmera também fosse dessa marca. A empresa era a marca mais lembrada quando se pensava em fotografia. Fundada em 1880, a companhia foi, por muitos anos, a líder do segmento de fotografia doméstica e batia com facilidade os seus concorrentes. No entanto, os anos passaram, a fotografia digital chegou e a empresa não inovou nesse mercado – e foi perdendo espaço. Tanto espaço que, em 2012, precisou pedir proteção judicial para não decretar falência. Em 2013, conseguiu um empréstimo de 895 milhões de dólares para se reerguer. Agora, a companhia vai investir em impressões digitais para o mercado corporativo. O erro da companhia foi se acomodar e não perceber que o mundo estava mudando. O curioso é que a Kodak foi a criadora da câmera digital, em 1974, contudo, na época, o lucro da empresa vinha da venda de produtos químicos usados para fabricar os filmes tradicionais, e havia o receio de que o investimento em algo novo pudesse quebrá-la. Hoje, sabemos que foi exatamente o contrário: não ter investido na inovação foi o grande erro da empresa.

Outro exemplo de acomodação e erro por não acreditar no novo vem da rede de livrarias norte-americana Borders. A empresa foi a segunda maior dos Estados Unidos e fechou as portas em 2011. Tudo aconteceu porque ela também não viu a inovação chegando e não sentiu que os consumidores poderiam querer trocar os livros de papel pelo *e-book* e a experiência de comprar numa loja real pela comodidade do *e-commerce*. Eles até tiveram uma tentativa de loja *on-line* no fim dos anos 1990, mas os lucros não foram altos o bastante, e os acionistas exigiram o fim da venda virtual. O problema é que, a partir dos anos 2000, a Amazon começou a crescer e as pessoas foram se acostumando cada vez mais a comprar virtualmente. Quando, porém, a Borders tentou entrar de novo na internet, em 2008, era tarde demais. Não restou outra saída senão fechar as portas. Por isso inovar é tão importante; somente quem inova com constância e tem criatividade e coragem para mudar se torna relevante no mercado.

Não existe situação confortável. Mesmo quem está na liderança de um segmento precisa o tempo todo buscar uma ideia melhor do que a última que teve. Caso contrário, de uma hora para outra, pode tomar uma rasteira da concorrente.

NÃO DÁ PARA FUGIR DO DIGITAL

A internet, os *smartphones* e as redes sociais trouxeram um novo jeito de consumir: rápido e dinâmico, que precisa ser acompanhado de perto por quem é do setor. Além das atribuições-padrão, os profissionais da área também precisam entender de perto quem é esse novo consumidor digital com alto potencial de compra e que precisa ser cativado. Afinal, hoje, as pessoas tendem a acreditar mais em indicações de conhecidos que estão em seus perfis de redes sociais do que em um anúncio vinculado numa revista. Por isso, a habilidade essencial do profissional que trabalha com marketing e vendas é flexibilidade para novas ideias, novos produtos e novos cenários que vão, inevitavelmente, surgir. Há dez anos, ninguém imaginava que um site, como o Facebook, poderia ser o responsável pelo crescimento ou pela queda das vendas de uma marca – hoje a *fanpage* do São Paulo tem mais de três milhões de seguidores e é mais uma forma de relacionamento com o torcedor. Entretanto, o que vem depois?

Quem ignorar e não estabelecer um planejamento eficaz para utilizar as redes sociais e a internet como um todo estará fadado ao fracasso.

De olho nessa nova realidade, lançamos um projeto na Rede Record para comemorar os sessenta anos da Petrobras. Esse projeto contemplava boletins na TV sobre o que inspira as pessoas em suas vidas. Esse projeto também teve um braço digital no Portal R7. Ali, o público em geral podia postar as próprias histórias inspiradoras que já havia vivido. Foram milhares de postagens que potencializaram o alcance da campanha da Petrobras. As pessoas hoje querem participar do conteúdo, querem fazer parte dele, e a internet permite isso.

As redes sociais são hoje um instrumento excepcional para todos e quando você trabalha com emoção, no caso do futebol, do São Paulo Futebol Clube, elas se tornam um aliado que permite ações de rápida elaboração e imediata repercussão. Realizamos algo inédito no São Paulo Futebol Clube. Sempre cito a apresentação do retorno do atleta Luís Fabiano ao time como um *case* de sucesso. Foi uma festa, com o perdão do trocadilho, fabulosa. Ele foi contratado e trabalhamos a apresentação dele no Estádio do Morumbi, na noite de uma terça-feira às oito horas. Atenção, nesse dia não tinha nem jogo de futebol. Era apenas a apresentação de um ídolo da torcida. Realizamos todo o trabalho de chamamento da torcida por meio do Twitter, do Facebook e de outras redes sociais. Foi algo inacreditável. Em plena terça-feira, 29 de março de 2011, dia sem jogo, conseguimos levar 45 mil pessoas ao Morumbi. Famílias, jovens, crianças e também os torcedores mais tradicionais. Um detalhe: além de não ter jogo, era horário de pico com trânsito intenso em São Paulo e uma garoa constante. Mesmo assim... o Morumbi lotou! Os telejornais fizeram *link* ao vivo, e nunca se viu no Brasil uma apresentação de um atleta em estádio de futebol como aquela. Foi, de longe, o recorde de público para a apresentação de um atleta de futebol no Brasil.

Posso assegurar que as redes sociais foram fundamentais para contarmos com tanta gente no Morumbi. Nossa equipe de comunicação trabalhou bem demais na convocação dos torcedores. Enquanto os profetas do apocalipse previam a possibilidade de não termos mais do que dez mil pessoas, fomos capazes de encher nosso estádio. Vale lembrar que, dois anos antes, o Corinthians pôs apenas sete mil torcedores para acompanhar a chegada de Ronaldo.

Nós achamos que a volta do Fabuloso merecia mais do que uma simples apresentação formal. Então, convidamos uma série de artistas são-paulinos para tocar. Nando Reis, Nasi, Planta & Raiz, Jairzinho, Andreas Kisser... Todos se apresentaram de graça, meio no improviso, ajudando a embalar a noite festiva de retorno do Fabuloso. Foi o maior evento do São Paulo realizado no país e tudo só aconteceu de maneira tão grandiosa por causa do marketing das redes sociais. Concretizamos inúmeras outras ações, mas a apresentação de Luís Fabiano foi algo emblemático na história do clube e do futebol brasileiro. Um *case* do marketing digital, uma vez que tudo isso foi realizado em apenas dois dias! E o torcedor pode esperar por novas celebrações. Afinal, já ficou mais do que provado que o São Paulo sabe fazer festa.

A convergência digital está aí e sai na frente quem consegue enxergar como as várias mídias se conectam e ver os tesouros escondidos em cada uma delas para alavancar seu negócio. Profissionais que têm medo de mudança e não possuem resiliência para tentar de novo (e de novo e de novo), quando as coisas não saem tão bem na primeira tentativa, podem sofrer nesse setor.

Não tem jeito: para aparecer e entrar em contato com o público, você precisa ter a sua marca na internet. O marketing digital é uma realidade, isso porque as novas mídias obrigam o setor de marketing a sair do mundo *off-line* e entrar de cabeça nas redes sociais, nos sites de vídeos e nos celulares. Entretanto, ter presença forte na internet não é simples. Isso porque os consumidores têm mais poder de ignorar anúncios e campanhas – eles têm o livre-arbítrio para clicar ou não em um *link* patrocinado ou para assistir ou pular uma propaganda veiculada no YouTube. E capturar a atenção desse público que só assiste ao que quer é o grande desafio do marketing nos dias de hoje.

A Reebok, por exemplo, desenvolveu o primeiro aplicativo para *smartphone* que permitia que os usuários criassem os próprios treinos de corrida, de acordo com suas necessidades. A Nike não ficou atrás ao criar um aplicativo para o Facebook em que o usuário pode personalizar sua página levando a rua para a internet e transformando a interface da página em uma pista de skate. A Coca-Cola, durante o Rock in Rio de 2013, também criou um aplicativo em que os consumidores podiam ouvir músicas diretamente das latinhas da Coca-Cola Zero ao escanear, com o celular, um código de onda sonora. O segredo de se dar bem com o marketing *on-line* é conhecer o seu público-alvo e surpreendê-lo. Um *case* muito interessante que uniu real e virtual foi feito pela companhia aérea KLM. A ação era a seguinte: os funcionários da empresa procuravam nas redes sociais passageiros que estivessem mencionando a KLM, dizendo que estavam prestes a embarcar em um voo da companhia em determinado aeroporto. A partir disso, eles olhavam os perfis dos selecionados para descobrir do que eles gostavam. Com essas informações em mãos, compravam um pequeno presente, procuravam o sortudo e filmavam a reação. Os presentes eram simples, como um guia de Nova York, um ingresso para o cinema, um *voucher* de compra *on-line*. O importante era surpreender, deixar as pessoas felizes e tornar a entediante espera nos saguões dos aeroportos mais prazerosa. O resultado? Mais de um milhão de menções no Twitter à ação – e consumidores felizes.

Aqui, no Brasil, a loja de departamentos C&A criou o Fashion Like, em 2012. A ação é muito simples: os seguidores da *fanpage* da marca dão *likes* nos produtos de determinada coleção e o número de curtidas aparece direto nos cabides das lojas físicas. Assim, as consumidoras podiam ver quais peças faziam mais sucesso – o que acabava influenciando suas compras. A ação, criada para o dia das mães, repercutiu tanto que a marca tem repetido o projeto no lançamento de novas coleções.

Outra empresa que soube usar muito bem as redes sociais foi a construtora Tecnisa. A companhia fez uma campanha de vendas para um novo bairro que foi construído na cidade de São Paulo, o Jardim das Perdizes. Como era um bairro novo, e não apenas um prédio, a Tecnisa precisava convencer as pessoas das qualidades dessa nova região e vender apartamentos em diversos prédios que serão erguidos no local. Para isso, apostou pesado no Facebook e produziu seiscentos *posts* com conteúdo explicativo sobre o bairro e seis mil anúncios – o lançamento do bairro, por exemplo, teve cobertura em tempo real com fotos e vídeos. Com tudo isso, a empresa conseguiu ampliar suas vendas *on-line*: foram 20 milhões de reais por meio do Facebook e 100 mil citações espontâneas do projeto do novo bairro nas redes sociais.

AGILIDADE É TUDO

Inovação. Conexão com o mundo digital. O que mais falta para sair na frente no mercado atual? Rapidez. Estar pronto para tudo, em especial para agir. Antecipar-se aos fatos. Mais do que ter uma boa ideia, é preciso colocá-la em prática no tempo certo. Então, faz parte do processo criativo acertar não apenas a ação que vai cativar os clientes, como também quando ela deve ser lançada. Se você quer adquirir o talento de transformar grama em ouro, precisa estar pronto para agir no momento certo.

A Record conseguiu com exclusividade a transmissão dos Jogos Pan-Americanos de 2011, e dos Jogos Olímpicos em Londres, em 2012. E para nossa felicidade, com muito esforço vendemos todas as cotas de publicidade. Contudo, eu sentia que ainda existiam mais tesouros escondidos naquela oportunidade, e resolvi pensar rápido. Então, fiz a seguinte proposta para minha chefia na Record: "Olha, agora que estamos com todas as cotas vendidas, vamos criar um subproduto da Olimpíada e dos Jogos Pan-Americanos?" O pessoal me olhou sem entender direito e então expliquei: "Vamos criar um subproduto chamado Recordistas, que se trata de um programa para contar histórias de gente comum, gente como a gente, como verdadeiros recordistas da vida. E não precisa ser só atleta. Pode ser aquela pessoa que cumpre seu dever, que paga seus impostos, trabalha, contribui para a nação... Vamos mostrar por meio de depoimentos, de pessoas famosas ou não, o recordista que existe em cada um de nós".

Era inusitado sugerir algo assim, mas a Record gostou da ideia e abraçou o projeto. E, cá para nós, adorou o nome, que remete a grandes resultados, como recorde mundial, e também ao nome da emissora. Representar uma empresa cujo nome combina com os Jogos é um tesouro escondido que estava esperando para ser descoberto. E para a nossa alegria, o mercado também comprou a ideia. Então, fizemos o que chamamos de *up-sell*. Além de vender todas as cotas dos projetos originais – os Jogos Pan-Americanos e a Olimpíada –, aproveitamos para melhorar o faturamento oferecendo mais um produto para aqueles clientes que ainda tinham dinheiro destinado para investir no momento e estavam ávidos por projetos interessantes. O projeto Recordistas representou para a Rede Record um ganho, e para o cliente, algo significante, que agregou valor à marca.

Agilidade também foi a palavra de ordem quando decidimos comemorar os cem gols e mil jogos do Rogério Ceni. Se você já organizou a festinha de aniversário de um filho, sabe a dor de cabeça que dá cuidar da lista de convidados, da comida, do aluguel do salão... Entretanto, posso garantir que qualquer aniversário, por mais amor que se tenha por um filho, não se compara ao trabalho de uma festa como essa, que foi realizada em 2011.

A primeira grande dificuldade é a mais básica. Em nenhum clube de futebol do mundo, o departamento de marketing pode usar dinheiro do caixa. É exatamente o contrário. Cabe aos criativos publicitários e marqueteiros inventar fórmulas para gerar grana. O que isso significa? Que qualquer festa, por mais básica que seja, tem de se bancar. E a conta nem sempre é baixa. Começou aí a necessidade de ter ideias ótimas que fossem atraentes para um patrocinador.

Ideias nós tivemos, e muitas! Quem foi ao Morumbi festejar a milésima partida de Rogério Ceni, no dia 7 de setembro de 2011, ganhou a réplica do ingresso, uma bandeira do Tricolor e a braçadeira de capitão, personalizada com a logomarca dos mil jogos. Ainda pusemos mais de mil crianças dentro do campo para recepcionar nosso ídolo, entre outras ações. O preço de toda a brincadeira: 150 mil reais.

Uma parceria com a Visa garantiu o dinheiro. Nossa festa foi recompensada com a presença de 60.514 pagantes, garantindo uma arrecadação superior a 1,5 milhão de reais. Para completar a alegria, o time ainda venceu o Atlético Mineiro por dois a um, com gols de Lucas e Dagoberto.

Tudo isso não teria surtido o efeito que gostaríamos se não tivesse sido planejado com antecedência e colocado em prática no momento certo. Passamos o mês de março inteiro de prontidão, levando uma enorme infraestrutura para os estádios em que o São Paulo jogaria. Isso porque ele estava a dois gols da marca dos cem e poderia muito bem fazê-los numa mesma partida. Quis o destino que o centésimo gol chegasse justamente contra o rival Corinthians, na Arena Barueri. Logo após o gol, os torcedores assistiram a uma bateria de fogos com duração de oito minutos. A loja montada dentro do próprio estádio começou a vender no mesmo momento uma camisa temática e lançamos na sequência o DVD do centésimo gol.

Muita gente da imprensa se surpreendeu com nossa agilidade. Mal sabiam eles que já havíamos levado todo esse aparato para Presidente Prudente e Jundiaí, palcos das duas partidas anteriores. Como o centésimo não saiu, desmontamos tudo na maior discrição. Afinal, o segredo é a alma do negócio.

CAPÍTULO 3

OS TESOUROS ESCONDIDOS

Todos nós temos um tesouro escondido e estamos em plenas condições de descobri-lo. Seja no campo financeiro, seja em um projeto corporativo, seja na família. Imagine aquele primo de quem você perdeu contato. Ou até mesmo um irmão. Aquela relação é um tesouro que está escondido. E cabe aos envolvidos resgatá-la. Quando reata um relacionamento, você tem um ganho emocional que dá força, dá luz à sua vida e abre possibilidades que antes não existiam para você. Pode até mudar a sua vida. Pensando no campo profissional, a mesma coisa acontece. Na televisão, quando preciso vender um projeto corporativo de marketing, tenho de buscar os tesouros escondidos capazes de fazer o cliente ter certeza de que está fechando um bom negócio.

Para vender um tesouro escondido a um cliente, primeiro preciso saber onde ele está, não é mesmo? E foi assim, depois de ter feito a minha lição de casa, depois de ter pensado muito bem no que eu iria oferecer que fui bater na porta dele.

O cliente em questão era Alberto Saraiva, dono da rede *fast--food* de comida árabe Habib's. É preciso abrir um parêntese sobre o Alberto, porque não dá para mencionar o nome dele sem afirmar que se trata de um empreendedor admirável. Um cara que veio do nada e começou a construir a vida vendendo pão. Hoje ele tem uma rede com mais de 350 lojas espalhadas por todo o Brasil. Um cara desses não compra qualquer coisa e sabe muito bem em que investe seu dinheiro. Eu tinha um grande desafio que era convencê-lo a destinar parte de sua verba publicitária, praticamente toda comprometida com a Rede Globo, para a Record. Era uma proposta um tanto ousada, pois não há nada tão difícil quanto vender para alguém que só fecha negócio com a Rede Globo – que possui a estrutura grande o suficiente para sempre ser um tiro certeiro. Estamos falando de uma empresa muito competente, que dá resultado e é praticamente uma aposta certa para o anunciante. Mesmo assim, eu fui lá falar com o Alberto e fazer minha proposta. Comecei a conversa assim: "Olha, Alberto, eu estou na Record implantando uma área de projetos especiais que vai gerar oportunidades diferenciadas e queria sinceramente que você prestasse um pouco mais de atenção ao portfólio da rede. O que vou oferecer para você é algo que você nunca viu".

Ele me olhou desconfiado, até um pouco desapontado e respondeu: "Julio, papo de vendedor numa hora dessa? Você é meu amigo, poxa... Olha, eu estou na Globo porque a Globo tem programação infantil. Me diga um programa infantil que a Record tenha".

Percebi que precisava mostrar que eu tinha mesmo algo muito inusitado e interessante para oferecer, trabalhei sobre as necessidades que ele me apresentou ali – afinal, todo bom vendedor está na verdade resolvendo o problema do seu cliente. E falei: "Espere um pouquinho, Alberto, eu tenho um personagem que é um dos maiores recordes de audiência da história da televisão. Ele não está no ar agora, mas pode voltar. É o Pica-Pau. Nós temos os direitos de transmissão dele".

Com esse tesouro que já possuíamos guardado no armário, o tom da conversa mudou completamente. Eu apresentava ali algo que faria todo mundo sair ganhando: a rede, o cliente e o público. Ele me respondeu: "Ah, o Pica-Pau é de vocês? Como é que eu consigo a licença para fazer o bonequinho e para vender o Pica-Pau junto com o lanche?" Então eu expliquei tudo para o Alberto. Fui à reunião preparado para fechar o contrato. Alberto disse que traria da China os bonecos e que para aquele negócio dar certo ele precisaria vender um milhão de combos com o Pica-Pau. Então eu tomei a responsabilidade para mim e lancei: "Você vai vender quatro milhões. Nós vamos exibir o desenho em horários pré-escola e pós-escola, trabalhamos bem com os horários, você vai vender". Resumindo a história, ele comprou o projeto e nós vendemos 7,5 milhões de bonecos do Pica-Pau. Naquele momento, a verba que antes era só da Globo passou a ser exclusiva da Record. Sim, ficamos com 100% da verba do Habib's. Essa é uma das histórias vencedoras que mostram como um tesouro escondido pode reverter uma situação que parecia imutável. Hoje ele direciona, mais ou menos, 60% de verba para a Globo e 40% para a Record. Imagine a grandeza que isso tem dado em participação no *share* da Record!

TRANSFORMAR GRAMA EM OURO

Ao usar a criatividade, teremos boas ideias e poderemos encontrar tesouros escondidos nas coisas, ou seja, ver valor onde ninguém mais viu, e com isso ser capaz de transformar grama em ouro, como eu fiz literalmente. Deixe-me contar essa história para você. Era fim de tarde e eu resolvi dar uma caminhada pelo Morumbi quando vi um rapaz pilotando um trator e tirando enormes placas de grama – o departamento de futebol havia decidido iniciar 2007 com um novo gramado. Fui perguntar aonde iria parar todo aquele monte de grama. O funcionário, surpreso, perguntou se eu queria levá-la para minha casa. Respondi que não, mas pedi que ele tirasse de uma maneira que não a estragasse.

Num estalo, me passou pela cabeça a ideia de vendê-la para os torcedores, que ainda estavam empolgados com a conquista do Brasileiro. Já tínhamos outro produto de grande sucesso no mercado desde o fim do jogo decisivo com o Atlético Paranaense, em que conquistamos o título nacional. Era a camisa 4-3-3, combinação de números em referência aos quatro títulos nacionais, os três da Libertadores e os três mundiais, criada pelo publicitário Rui Branquinho, adjunto do departamento de marketing. O elenco comemorou a conquista com essa camisa no gramado do Morumbi, causando grande impacto e agitando o mercado.

Voltando à história da grama. O passo seguinte era comunicar ao presidente Juvenal Juvêncio minha ideia e, bem, é um pouco complicado você provar para um comitê que vender grama pode ser um grande negócio. Assim que terminei de falar, ele me olhou com os olhos arregalados, meio espantado, mas como sempre abraçou os desafios que eu propunha, concordou de imediato. Aquele monte de grama, que pararia sabe-se lá aonde, transformou-se em 433 *kits*, protegidos por acrílico, acompanhados de certificados de originalidade e vendidos a 120 reais cada. Detalhe importante: eles duraram apenas dois dias nas lojas, tamanho o sucesso. Afinal, cada *kit* dava um pedaço do Morumbi para a torcida.

No ano seguinte, mais um título brasileiro, e a camisa 5-3-3. Retomar a venda casada da camisa e da grama seria repetitivo, então inovamos mais uma vez vendendo pedaços das redes dos gols do Morumbi. O torcedor que adquirisse o fragmento ainda levava uma placa com indicação de qual dos gols era a rede. Os 533 *kits*, também a 120 reais, desapareceram do mercado em quatro dias. E foi assim que surgiu uma das primeiras inovações entre as várias que fizemos dias depois da festa pelo título do Campeonato Brasileiro de 2006, em dezembro, e que abriu caminho para o tri consecutivo.

Nós, do marketing, tínhamos de acompanhar o ritmo alucinante do time em campo. Veio 2008 e Rogério Ceni, Hernanes e companhia garantiram o tricampeonato, algo inédito na história do futebol brasileiro. Dessa vez, ainda pensando em inovar com produtos exclusivos do time, lançamos um relógio comemorativo, com 633 unidades, ao preço de 633 reais.

Grama e certificado que compôs os 433 *kits* vendidos a 120 reais cada.

De novo, sucesso de vendas e estoque esgotado em menos de uma semana.

E a coisa não para por aí. Na Taça Libertadores da América de 2006, já tínhamos feito um leilão com as camisas de todos os jogadores que haviam participado da vitória sobre o Estudiantes por 1 a 0, em partida que terminou nos pênaltis e valeu a passagem do Tricolor às semifinais. Arrecadamos 15 mil reais, que foram entregues dentro do campo, no jogo seguinte, para quatro entidades assistenciais. Agora ganha um prêmio quem acertar quais foram as três camisas mais caras. Rogério Ceni em primeiro, Mineiro em segundo e... Edcarlos em terceiro. Havia sido dele o gol da vitória sobre o Estudiantes no tempo normal, que permitira ao Tricolor chegar aos pênaltis e passar de fase.

Cito essa história da venda de grama do estádio do São Paulo para dar um exemplo do conceito de encontrar tesouros escondidos. Significa ver valor em algo que está diante dos olhos de todos (no caso da grama, prestes a ser descartada) e fazer com que isso gere lucro para a empresa.

O jornal *Folha de S.Paulo* fez recentemente uma ação com a mesma essência: começou a vender, sob encomenda, as capas do jornal. Hoje, é possível comprar a capa do jornal de qualquer dia ou ano em papel especial. Quantas pessoas não gostariam de ter guardada de lembrança as notícias do dia em que nasceram? Ou do dia em que o time do coração foi campeão? Veja só: as capas estão todas guardadas nos arquivos digitais da empresa, possuem um custo mínimo para produzir e se revelaram um tesouro escondido.

Ações criativas como essas têm imenso valor no mundo dos negócios. Especialmente porque costumam ser invenções simples e que possuem, ao mesmo tempo, enorme apelo comercial, seja por suprirem uma necessidade da vida prática, seja por traduzirem em produtos os desejos que os consumidores nem imaginavam que teriam. O grande valor por trás delas são as pessoas criativas com sensibilidade para entender o que faz o consumidor tirar a carteira do bolso. Os tesouros escondidos viram logo parte da nossa vida cotidiana, como o clipe (criado em 1867 para unir etiquetas de tecidos às roupas e, depois, usado como objeto perfeito para segurar folhas de papel que, antes, eram presas com alfinetes).

O Post-it também é outro tesouro que estava escondido até pouco tempo atrás. Ele foi uma ideia do inventor e cientista americano Art Fry. Tudo começou em 1968, quando o doutor Spences Silver, um dos cientistas da 3M, inventou uma cola bem leve que não deixava vestígios quando removida. A cola nunca tinha ido para a frente até que, em 1977, Fry teve a ideia de usá-la para fixar papéis que marcavam um livro de canções que ele usava no coral de sua igreja – os papéis sempre caíam quando Fry abria seu livro. Então, ele pegou a cola, passou atrás de pequenos pedaços de papel e os usou como marcadores em seu livro. Pronto. Estava criado o Post-it. Fry levou a ideia para os executivos da empresa e eles fizeram várias pesquisas nos Estados Unidos até encontrar a fórmula perfeita dos pequenos papéis coloridos que poderiam ser colados onde o consumidor quisesse. O lançamento do produto aconteceu em 1980 e foi um grande sucesso de público e de crítica. Hoje, o Post-it está presente em mais de cem países e é um dos principais produtos da 3M. Como você pode perceber, às vezes as maiores fontes de lucro estão bem na nossa frente e nem sequer vemos!

Outra forma de encontrar um tesouro escondido é conseguir transformar o potencial de um produto, como foi o caso das Havaianas. Hoje considerado um calçado *cool* que pode ser usado em quase qualquer ocasião, as sandálias não eram tão bem-vistas nos anos 1990. Lançadas em 1962 com inspiração em calçados japoneses e com grande preocupação em relação à qualidade (a promessa era que as tiras não se soltavam e que não havia cheiro de borracha), os calçados pegaram o estereótipo de ser usados apenas por empregadas domésticas e trabalhadores de baixo escalão. A marca, então, percebeu que poderia perder potencial de vendas. Aí veio a inspiração: e se invertêssemos a base das sandálias? Assim, o branco característico da sola seria substituído e os calçados ganhariam cor – o que seria um diferencial e ajudaria no reposicionamento da imagem. A ideia deu certo. O calçado se democratizou e ganhou ares *fashion* com o passar do tempo. Hoje, são diversas as linhas das Havaianas, cada uma com alguma bossa que torna a sandália única e mais bonita. O sucesso tem sido tanto que as Havaianas têm lojas em mais de oitenta países. Está convencido de que a criatividade é essencial para ganhar dinheiro? Então, o passo seguinte é criar um solo fértil para que essas ideias apareçam.

No São Paulo Futebol Clube, viramos craques em encontrar tesouros escondidos por trás dos feitos do time e de sua equipe.

Aliás, fica a dica: sempre redobre a atenção em momentos-chave da sua marca, nos quais ela possa tirar partido de uma predisposição emocional do cliente. Achar uma oportunidade de oferecer um produto que celebre algo importante para ele é como encontrar uma mina de ouro. E o melhor de tudo é que esse tipo de ideia de marketing se reflete diretamente nas vendas. Foi o que aconteceu quando o grande ídolo são-paulino, o goleiro Rogério Ceni, havia acabado de completar 617 jogos pelo São Paulo e estava a apenas um de se tornar o atleta com mais partidas na história do clube. Era hora de o marketing entrar em ação e criar algo diferente para homenagear o principal ídolo da história recente. Lembro-me como se fosse hoje da reunião marcada para uma segunda-feira com o pessoal do Gesp, da agência de publicidade F/Nazca e da Topper, então fornecedora de material esportivo.

Tudo precisava ser feito no maior sigilo, de maneira quase secreta, para que a ideia não caísse nas mãos de falsificadores. Trabalhávamos em cima de um *kit* com camisa, calça, meião e gorro do nosso capitão. Tudo fazendo referência aos 618 jogos, que o tornariam o número um.

Primeiro, precisávamos aprovar com o Rogério Ceni a camisa e a calça. Ele adorou. Realmente, era um *kit* caprichado, com tecido grosso, uma série de detalhes... tudo desenhado por Helder Araújo e Eduardo Lima, integrantes do Gesp. Até as cores dos números haviam sido pensadas, e o 1 do 618 tinha outra cor, para brincar com o fato de ele passar a ser o primeiro.

Restava decidir o preço. Uma corrente defendia que o *kit* custasse 1.200 reais. Havia gente que preferia que custasse

188 reais. Até que decidimos fechar em 618 reais. E mais: venderíamos apenas 618 *kits*. O Rogério Ceni foi a campo com a camisa em sua 618ª partida e dias depois iniciamos as vendas com a expectativa de saber como o mercado receberia algo com tal preço.

Todos os *kits* foram vendidos em questão de horas. A Topper até solicitou que produzíssemos mais unidades, porque seria retorno garantido. No entanto, a resposta foi não. O importante era mostrar para o público que aquele *kit* era valioso.

Recentemente, me contaram que havia um torcedor vendendo seu *kit* pela internet seis anos depois. Quase caí da cadeira quando soube o preço da pedida: 15 mil reais! O valor é quase 25 vezes maior do que o original. Dólar, ouro, ações... nada valorizou tanto quanto esse *kit*. Portanto, fica a lição: nossas criações também são excelentes investimentos.

PENSE SIMPLES

O melhor – e mais baixo – investimento para qualquer negócio e que pode ser altamente lucrativo se chama criatividade. Com ela, você encontra as condições e as oportunidades de fazer negócios diferenciados para vender mais. Encontra soluções onde ninguém mais viu. Cria produtos inéditos e com grande apelo de vendas. E o melhor de tudo é que todo ser humano tem potencial para desenvolver esse bem maior, que é uma arma poderosa para os negócios e fora dele.

Muitos se perguntam: mas, afinal, o que é ser criativo? Ser criativo, pelo menos no mundo dos negócios, é criar algo novo, uma solução simples para algum problema que exista no seu dia a dia. Criatividade é ter ideias que possam simplificar um processo ou que surpreendam as pessoas; é, em último caso, resolver um problema. É o famoso "Como é que eu não pensei nisso antes?" E isso não depende da idade. Você sabe quantos anos tem Jawed Karim, o criador do YouTube? Trinta e cinco anos. E tinha 24 anos quando, em 2002, criou o site que, hoje, tem a marca de milhões de vídeos e foi vendido para o Google por 1,65 bilhão de dólares. A criatividade de Jawed surgiu quando ele se perguntou o que estava faltando na internet. E o que estava faltando, para ele, naquele momento, era um local que reunia vídeos *on-line*. Então, ele e dois amigos criaram o YouTube, que era para ser uma despretensiosa plataforma *on-line* em que as pessoas pudessem postar e assistir a vídeos – e que hoje virou uma aplicação fundamental para artistas e marcas. O Google é outro exemplo. Antes de se tornar a ferramenta crucial para todos que usam internet, o site era um projeto dos então estudantes Larry Page e Sergey Brin, na Universidade de Stanford, nos Estados Unidos. A dupla queria desenvolver uma "biblioteca digital" em que as pessoas pudessem acessar facilmente informações. Ok, isso pode parecer uma necessidade básica hoje. Entretanto, em 1996, as coisas não eram tão simples, e os poucos sites de busca na internet não conseguiam indexar um número relevante de informações. A dupla desenvolveu, então, uma ferramenta muito superior às existentes para a busca por palavras-chave. Em 1998, fundaram o Google e começaram a operar graças a uma contribuição de 100 mil dólares de Andy Bechtolsheim, cofundador da Sun, empresa de tecnologia. A operação, que começou na garagem da casa de um dos fundadores, cresceu monstruosamente e, em 2000, já operava em dez idiomas além do inglês. Hoje, o Google é uma das maiores e mais rentáveis empresas do mundo – e tudo começou com a criatividade de dois jovens que resolveram uma pergunta: "E se tivéssemos um jeito de encontrar qualquer informação usando a internet?"

ENXERGAR ALÉM DO ÓBVIO

Se existe uma coisa que as pessoas que têm ideias brilhantes fazem é enxergar além do óbvio. Elas percebem aquilo que ninguém mais vê, mesmo que seja algo muito simples que, depois de descoberto, pareça a coisa mais óbvia do mundo. Eles surpreendem porque não se contentam com o que já existe e querem saber mais, muito mais. Roberta Ness, médica e pesquisadora da Universidade do Texas, nos Estados Unidos, é autora do livro *Genius Unmasked* (Oxford University Press, não publicado no Brasil), em que desvenda o que existia por trás do pensamento de Charles Darwin, o cientista que criou a teoria da evolução das espécies; Albert Einstein, um dos maiores gênios da história com sua teoria da relatividade; e Thomas Edison, o inventor da energia elétrica. E ela mostra que todos tinham algum tipo de raciocínio em comum. Basicamente, os gênios são viciados em fazer perguntas. Eles não se conformam com o que já existe e querem ir além – mesmo que outras pessoas já tenham feito as mesmas perguntas antes. Foi assim no caso de Darwin, que desenvolveu sua teoria do evolucionismo a partir do pensamento de outros cientistas de sua época, por exemplo. As perguntas, porém, têm de ser grandes.

Os gênios pensam alto! A questão de Thomas Edison era encontrar um modo de se livrar da dependência das velas. A de Darwin era descobrir qual o poder da natureza sobre a criação da espécie humana. A de Einstein era desvendar a relação entre tempo e espaço (e não teríamos tecnologias como a do GPS se não fosse ele). Outra questão importante para o pensamento das pessoas geniais é não desprezar o acaso – não significa se apegar a qualquer coisa que acontece sem querer, mas atribuir significado real ao que parece insignificante. Como na história de Isaac Newton, o pai da Física moderna. Ele pode mesmo ter visto maçãs caindo no chão. Contudo, isso não significa que, de cara, ele descobriu a gravidade. A relação é um pouco mais complexa: porque ele viu uma maçã caindo no chão, começou a se questionar que tipo de força poderia existir para que tudo na Terra fique, necessariamente, grudado ao chão. A partir daí, desenvolveu sua teoria da gravidade. Mais uma característica fundamental dos geniais é que eles quebram os paradigmas. Não só da ciência ou da Física, mas do próprio pensamento. Roberta diz que temos um raciocínio comum que é moldado por nossas limitações e pelo contexto social em que estamos (coisa importante para o bom convívio social), mas os gênios conseguem, de algum jeito, quebrar esse paradigma de pensamento. Quer dizer, eles não aceitam simplesmente o que já existe, o pensamento corrente. E começam do zero. Começando do zero, estão sem preconceito para enxergar aquilo que ninguém vê e para fazer descobertas maravilhosas.

Produtos comercializados nas lojas SAO Store, inclusive o *kit* de grama acondicionada em acrílico, com certificado.

CAPÍTULO 4

O MÉTODO GRAMA EM OURO

É possível ter ideias sempre, mesmo quando não se está dentro de um escritório trabalhando, mesmo fora do ambiente em que elas são exigidas. São elas que encontrarão tesouros escondidos, que poderão se tornar uma ação com grande rentabilidade e repercussão entre os seus clientes.

Contudo, ter ideias criativas não é algo tão natural ou fácil – ou estaríamos todos ricos. Para isso, você precisa treinar sua mente a fazer conexões inesperadas que geram aquela pergunta imediata: "Como ninguém pensou nisso antes?"

Ao contrário do que muita gente pensa, pessoas criativas não são assim por acaso. A mente delas trabalha bastante o tempo todo. Dos muitos *insights* que vêm à tona, alguns são realmente brilhantes. Outros, nem tanto. É o mesmo raciocínio dos investimentos no mercado financeiro. Quem vê um investidor ganhar uma bolada acha que se trata de sorte, mas, na verdade, ninguém vê as tantas vezes que esse mesmo investidor empatou dinheiro ou até mesmo perdeu. O fato de ele investir constantemente faz com que tenha mais conhecimento do mercado e *feeling* para saber em que aplicar o dinheiro. No caso das ideias, o importante é sempre fazer a mente trabalhar em busca de conexões interessantes. Ter ideias é mais transpiração do que inspiração. Claro que depois que você começa a entrar nesse processo, sua mente passa a ser mais rápida nas conexões e assim cada vez mais soluções *premium* são produzidas. Então, quanto antes você colocar seus neurônios e sua percepção do mundo para trabalhar em prol da criatividade, maiores as chances de conseguir transformar grama em ouro.

O método que vou apresentar aqui ajudará você a destravar a mente, ampliar os horizontes e encontrar os tesouros escondidos no seu negócio. Você vai aprender não apenas a criar, mas também a fazer com que as ideias sejam viáveis no mercado e realmente deem retorno financeiro. Ou seja, você vai aprender a vender ideias e ganhar dinheiro com isso.

ESTRATÉGIA 1 – SAIA DA MESMICE

No nosso dia a dia não é fácil sair da rotina. Há tarefas a serem cumpridas, metas das quais não podemos nos livrar, compromissos inadiáveis. Boa parte do nosso tempo é gasto com tarefas mundanas, mas obrigatórias – como pagar contas, preencher relatórios, lavar roupa, ligar para fornecedores. Entretanto, se você quer se tornar um profissional altamente criativo, precisa ficar um degrau acima da rotina para não deixá-la se transformar numa camisa de força (e numa desculpa) para não inovar.

Sair da mesmice do cotidiano é mais simples do que pode parecer. Começa com atitudes simples que estimulem sua mente a mudar as conexões que costuma fazer. Quando mudamos um hábito há muito tempo arraigado, nosso cérebro fica mais atento para a novidade e começa a enxergar coisas que não víamos antes. E pequenas mudanças são fundamentais para isso. Vale repensar suas decisões, tentar perceber se aquele processo para fazer determinada tarefa é mesmo o melhor ou se você o faz apenas por comodismo. Por exemplo, em vez de ligar no piloto automático e assistir ao mesmo seriado de tevê todo santo dia, experimente fazer uma atividade diferente – uma a cada dia. Uma ideia é usar o mesmo tempo que gastaria com a tevê para assistir a um filme que você está adiando há muito tempo. Ou para folhear uma revista de que gosta. Ou para ler um livro sobre um assunto que não tem nada a ver com sua rotina. Essas pequenas mudanças provocam estímulos diferentes no cérebro e ajudam você a pensar diferente e fazer novas conexões. Por consequência, dão uma sacudida extra para despertar a criatividade adormecida. Outra forma de ativar o cérebro é aprender algo novo. Quando você começa a fazer aulas de língua estrangeira ou até de dança, tira seu cérebro da rotina, proporcionando novas conexões entre os neurônios e um novo jeito de pensar. Uma pesquisa feita pela Faculdade de Medicina Albert Einstein, em Nova York, e a Universidade de Syracuse, em 2007, comprovou isso. Os cientistas descobriram que exercícios mentais (como os de mudança de rotina) são estimulantes para o cérebro e evitam a demência. Outro exercício mental importante para o cérebro e para a criatividade é enxergar as coisas do zero e começar a imaginar como você faria uma tarefa se a estivesse executando pela primeira vez. Só é criativo quem consegue fazer novas relações, quem consegue ligar coisas que ainda não foram ligadas. É o que os *chefs* de cozinha mais premiados fazem: os ingredientes e os processos básicos de cozimento já existem, a genialidade está em uni-los de uma maneira que vai surpreender a todos. Para conseguir chegar a esse estágio, você tem de estar com a cabeça aberta. Aberta para novas conexões.

EQUIPE CABEÇA-FEITA

Talvez você me diga: "Tudo bem, Julio, eu entendi como sair da mesmice, mas tenho uma equipe que precisa entrar nessa mesma sintonia. Como motivo todo mundo a abrir a cabeça?" Eu respondo: você tem toda razão de se preocupar em ter uma equipe inteira bastante criativa. Não basta o líder ter boas ideias. Ele precisa de uma equipe motivada a criar. A grande vantagem de investir no seu pessoal é que você não vai precisar de mais recursos. O maior tesouro de um negócio são cabeças pensantes. Nesse caso, você vai precisar estabelecer uma linha motivacional ou até um programa para que as pessoas possam contribuir com ideias inovadoras e compatíveis. O mínimo de investimentos, se bem planejados e bem realizados, pode gerar e agregar mais resultados do que empresas que têm mais recursos mas não os aplicam com sabedoria. A mente precisa expandir. Assim que criar condições para isso, você poderá começar o processo de formação de ideias.

Imagino que, em muitas vezes, a equipe está sofrendo pressão por resultados e isso gere ainda mais dificuldade para criar. Como sair dessa situação pouco propícia para criar e pensar diferente? Vou contar a você como é que trabalho nessas reuniões criativas. Isso poderá ajudá-lo a montar sua estratégia de liderança criativa, porém o primeiro passo é colocar a criatividade como foco de ação. Na Rede Record, onde sou diretor de estratégia e projetos especiais, tenho conversas diárias com a minha executiva de contas, que me auxilia diretamente nas tarefas de criação e desenvolvimento de demandas. Depois passamos as ideias para a vice-presidente (VP) comercial que, aprovando e sentindo densidade comercial, autoriza a evolução daquele pré-projeto. Já no São Paulo Futebol Clube, em que trabalho como voluntário na função de vice-presidente de Comunicação e Marketing, conto com uma equipe profissional remunerada. Realizamos reuniões quinzenais em horário noturno, priorizando dias de jogos no Estádio do Morumbi. Todos participam: gerente, coordenadores e demais funcionários da área de marketing e comunicação do clube.

Buscamos também realizar encontros semanais com a equipe, reuniões informais, diferentes das tradicionais, como parte do passo de sair da mesmice: é preciso montar um palco para que isso aconteça, uma vez que, como comentamos aqui, a rotina não irá ajudar. É importante que todos tenham plena consciência para onde vamos e como iremos caminhar. Conduzo as reuniões, tanto na Record quanto no São Paulo, criando um clima de muita cumplicidade, em que todos falam e apresentam com liberdade suas ideias, por mais inusitadas que possam parecer. Para que realmente consigamos extrair as sacadas mais criativas de cada um, deixo que as pessoas falem o que vem ao coração e promovemos um clima bem descontraído. Ninguém precisa levar um discurso pronto e apresentar as ideias no telão! Só precisam falar o que pensam e deixar as ideias fluírem. Mesmo que as reuniões sejam informais, todos os envolvidos devem ter convicção das metas e do plano diretor da empresa ou da entidade. Ou seja, estão concentrados em dar ideias que tenham a ver com os objetivos do negócio. Isso é básico e é o que vai trazer para a roda ideias inovadoras e proveitosas. O plano diretor é o planejamento estratégico da empresa. Nele, estão bem claros os objetivos para o ano e todo mundo sabe que as ideias que precisamos ter devem viabilizá--lo. É ele que vai nortear cada embrião de ideia. Com isso em mente, a reunião se torna mais produtiva e nos leva a algum resultado ou ao menos nos dá um caminho novo a percorrer.

Quer ter noção de como o plano diretor e as ideias se encontram? Na Record, por exemplo, quando necessitamos estabelecer um elo entre o comercial e o artístico, isso deve ser feito para agregar audiência e faturamento. Cada projeto tem de ter esse vínculo entre bons resultados financeiros e de audiência. No São Paulo Futebol Clube, foi em uma das reuniões criativas que acabou surgindo o conceito do "Morumbi Concept Hall", que abriga restaurantes, academia de ginástica, centro de eventos, bufê infantil, livraria etc. Quer saber como esse *insight* apareceu? Ao analisarmos que o Estádio do Morumbi fica em um metro quadrado valorizado em São Paulo e em uma região na qual há três shoppings centers, veio a provocação: por que não criar um polo de entretenimento, negócios e lazer?

Sair da mesmice é mais difícil do que continuar nela. Sei bem disso. E algumas pessoas da equipe podem ter mais dificuldade do que outras de dar essa virada. Portanto, sempre procuro ajudar minha equipe a soltar as ideias, sem fazer críticas durante o processo de exposição das soluções que forem surgindo. Motivo cada um a se colocar na posição de agente solucionador de problemas. A partir disso, sugiro que tentem buscar algo diferente que venha agregar valor, estabeleça crescimento e admiração pela marca ou pelo produto trabalhado. É essencial que as reuniões tenham um clima aberto, livre e descontraído e que todos falem, independentemente de cargo ou de função. Falem sem medo, e falem besteira também; às vezes uma ideia idiota é o gancho para a boa e funcional. Sem receio e sem patrulhamento. As ideias surgem assim e amadurecem com o diálogo.

OUSE QUESTIONAR AS REGRAS

Uma técnica que ajuda a sair da mesmice é olhar para o modo como uma coisa é feita e perguntar: "Mas por que isso tem de ser assim? Será que não existe outra maneira de fazer isso que deixe esse produto ou serviço melhor?" Isso aconteceu quando eu estava no SBT e me deparei com uma questão com as afiliadas pelo Brasil. Uma emissora de televisão funciona de maneira parecida com uma franquia: existe uma cabeça de rede que envia as imagens para todo o Brasil. É como se fosse a matriz. E as afiliadas são como franquias que retransmitem a programação. O problema é que no Nordeste isso não estava dando muito certo. As afiliadas, coitadas, viviam sofrendo mudanças repentinas na programação e não estavam satisfeitas com a performance comercial da rede. Elas precisavam urgentemente faturar mais. Por isso, reivindicavam que fosse dado mais valor à marca Nordeste dentro do sistema do SBT, contudo tal feito parecia impossível, porque faltava organização. Eu não tinha muito argumento, tamanha era a veracidade e a legitimidade do pedido delas, assim como o potencial de faturamento que elas traziam.

Para resolver isso, tive uma ideia: criar um projeto de marketing chamado SBT Nordeste, apostando na regionalização da atuação da rede e apresentando ao mercado eventos integrados entre as afiliadas daquela região. Assim não teria mais a tevê Piauí, que era mais fraca, nem a tevê Bahia, que era mais forte. Haveria o SBT Nordeste que englobaria todas elas. No momento em que propus isso para o comitê de aprovação, veio aquele silêncio, que serviu para testar quanto eu mesmo acreditava naquilo que tinha feito. Em seguida, muitos aplaudiram, outros não. Queriam entender como aquilo iria funcionar.

Então, fiz um projeto e depois bati na sala do Silvio Santos para apresentar – e essa foi a parte mais difícil. Num primeiro momento, ele ficou preocupado: o que é esse negócio de uma segunda cabeça de rede? Expliquei que isso era possível. O que sustentava bem o plano seria a organização de um critério para dividir receitas e despesas de modo proporcional para cada afiliada do SBT Nordeste. Além disso, todos ficariam satisfeitos com a valorização da tevê regional. O Silvio se convenceu de que poderia dar certo. O projeto foi para a frente e tranquilizou a rede de afiliadas. Dessa maneira, as redes do Nordeste ganharam um polo de vendas em São Paulo e outro exclusivo para eventos regionais cruzados, ou seja, no São João da Bahia entraria um *flash* do São João de Aracaju, que são festas de grande proporção, de geração de receita de verbas publicitárias. Essa ação deu tão certo que depois nós criamos SBT Centro-Oeste, SBT Norte...

Também foi a partir de um questionamento que tivemos um *insight* muito rentável para o São Paulo Futebol Clube – leia-se, encontramos um tesouro que estava escondido bem embaixo dos nossos olhos. A pergunta foi: "Quem falou que um time de futebol só pode vender camisas, calções, meiões e bolas?" Um pouco de criatividade não faz mal a ninguém, como mostra o pioneirismo tricolor. Foi assim que surgiu não apenas a ideia de vender a grama do Morumbi, mas também uma grife em vermelho, branco e preto.

Desde criança, tenho comigo que o São Paulo Futebol Clube é bem mais do que um clube de futebol. Chega a ser difícil traduzir em palavras a dimensão dele em minha vida, e tenho certeza de que ocorre o mesmo com outros milhões de são-paulinos. Em razão desse sentimento inexplicável, comecei a buscar maneiras de diferenciar o Tricolor da concorrência e, antes mesmo de me tornar diretor de marketing, já tinha a ideia de criar uma grife do São Paulo.

Afinal, grife é mais do que uma marca. Com a grife, teríamos a possibilidade de explorar outro nicho de mercado, encontrando novas fontes de receita e agradando um torcedor mais exigente.

Depois do sucesso da megaloja, em parceria com a Reebok, em 2007, a sonhada grife ficou próxima da realidade. Lembro-me de ter sentado à mesa com a cúpula da Reebok e apresentado o projeto, que foi abraçado na hora. Alguns meses depois, chegava ao mercado a primeira remessa de produtos da SAO Store.

O espírito vanguardista que marca a história do Tricolor também se fez presente, porque o clube foi o primeiro do Brasil a ter a própria grife. Desde o princípio, tanto o São Paulo Futebol Clube quanto a Reebok tiveram como preocupação número um a qualidade, tanto no produto quanto na produção, no atendimento...

As lojas da SAO precisavam contar com verdadeiras joias raras que iam muito além do que vende uma loja de time de futebol. Criamos produtos exclusivos, como um anel em ouro branco com diamantes nas cores do clube, produzido em número limitado. Seu preço? Pouco mais de 5 mil reais. Vendê-los foi quase tão fácil quanto tirar doce da mão de uma criança. Uma edição exclusiva de duzentas bicicletas do Leônidas da Silva, gênio da história tricolor e inventor da bicicleta no futebol, também vendeu como água.

O passo seguinte foi criar uma rede de lojas da SAO. Nossa estratégia inicial foi instalá-las em shoppings da região sul de São Paulo, próximas ao Morumbi. Era obrigatório que as lojas estivessem muito bem localizadas, tivessem mais de 120 metros quadrados e alto padrão de decoração e acabamento.

Tudo correu perfeitamente bem, mas nem nos meus planos mais otimistas imaginava que a SAO, aquela grife com a qual sonhei por anos da minha vida, fosse dar tão certo. Hoje, temos cinco lojas apenas em São Paulo, sendo quatro em shoppings: Ibirapuera, Pátio Paulista, Center Norte e Aricanduva. A cereja do bolo é a quinta, instalada em plena rua Oscar Freire, o metro quadrado mais chique do país. Lá, a SAO faz companhia às marcas mais importantes do mundo, como Le Lis Blanc, Dolce & Gabbana, Gucci e Dior.

E desde 2011, a SAO deixou de ser uma rede de lojas apenas da capital. Naquele ano, inauguramos uma unidade em Goiânia durante o mês de janeiro, outra em Ribeirão Preto em fevereiro e estamos em negociações avançadas com Brasília, Rio de Janeiro e Minas Gerais. Em breve, a grife do Tricolor chegará aos principais aeroportos do país. E quem sabe do mundo.

TRÊS IDEIAS PARA SAIR DA MESMICE

1 | Se você quer se tornar um profissional criativo, precisa viver um degrau acima da rotina. Não deixe que ela domine a sua mente e o seu modo de vida.

2 | Um exercício mental importante para a criatividade é enxergar as coisas do zero e começar a imaginar como você faria uma tarefa se a estivesse executando pela primeira vez. Ou, melhor ainda: pense em um grande ídolo que você tem, como ele responderia a essa pergunta? Como ele resolveria esse problema? E o seu pai? E o seu professor preferido? E depois volte para você, o que você faz nesse exercício é ter essas pessoas como referência para conseguir enxergar essa questão sob diferentes pontos de vista e sair do modo automático.

3 | Questione o que está sendo feito. Pergunte: "Será que precisa ser desse jeito ou pode mudar?" E faça isso sempre, mesmo com procedimentos já estabelecidos no seu negócio, pois às vezes uma pequena mudança economiza muito dinheiro ou cria ideias geniais.

SEU PLANO DE AÇÃO CRIATIVA

Complete as frases abaixo e comece agora a sair da mesmice:
"Um hábito que vou mudar na minha vida para fazer novas conexões é..."
"A primeira atitude que vou mudar para abrir a cabeça da minha equipe é..."
"Eu me torno mais criativo quando estou..."
"A primeira regra que vou questionar no meu negócio é..."
"Para ampliar minha mente, vou aprender a (cite um curso ou *hobby*)..."

ESTRATÉGIA 2 – ABRA SUA CABEÇA

Pode até parecer que as ideias surgem do nada e apenas para os escolhidos que já nasceram criativos, mas não é bem assim. Uma das chaves para criar uma ação, um produto ou um serviço sob medida para encantar seus clientes e lucrar com isso é saber traduzir as informações que estão no mundo. Você precisa ser *expert* em ler as mensagens subliminares que estão nas atitudes das pessoas, nas notícias que dão ibope, nos valores da sociedade em que está inserido. Quer um bom exemplo de como tudo isso pode influenciar positivamente o sucesso de um produto? Foi garimpando ideias por essa via que conseguimos conter a evasão de sócios do São Paulo em meados da década de 2000. Tratava-se de um grande desafio, uma vez que o grande concorrente de um clube, além da violência e do frio, são os condomínios. Existem inúmeros prédios com piscina, quadra de futebol, academia... e tudo isso a apenas alguns andares de casa. Para resgatar os sócios e evitar que a parte social ficasse deficitária, precisaríamos criar atrativos que o condomínio não oferece. Era preciso encontrar algo que só o clube poderia proporcionar, que não poderia ser encontrado nem no condomínio mais bacana da cidade. Ou seja, mais uma vez era necessário encontrar os tesouros escondidos no departamento social do São Paulo.

Ninguém duvida que o carro-chefe do São Paulo é o futebol, mas o marketing tem de olhar também para a área social e para o Morumbi. Fomos estudar os motivos que fizeram os clubes paulistanos perderem tantos sócios. Muitos anos atrás, o Juventus chegou a ter cem mil sócios e agora não conta com mais do que 2% disso. Comecei então a ligar informações e a buscar tesouros escondidos. Um dos principais valores do nosso clube é a tradição. E uma de nossas principais tradições é o campeonato interno de futebol infantil, que já contou com a presença de Kaká, Júlio Baptista, Caio Ribeiro, Juan...

Foi nesse contexto que, em 2006, surgiu a ideia de criar o álbum de figurinhas do campeonato, como o do Campeonato Brasileiro ou da Copa do Mundo, transformando nossos associados em estrelas. Enquanto discutíamos com a Panini, empresa que fabrica os principais álbuns do planeta, o contrato dos jogadores profissionais do São Paulo para o álbum do Campeonato Brasileiro, exigimos que a empresa realizasse também uma coleção exclusiva dos garotos que disputam o campeonato interno do São Paulo Futebol Clube. Logo em seguida, conseguimos patrocínios e o projeto se transformou em um sucesso estrondoso. O acordo com a Panini foi um grande sucesso e impulsionou a chegada de milhares de novos sócios.

A GRANDE SACADA DA FIGURINHA PREMIADA
Quer saber qual o maior valor do álbum de figurinhas? A relação entre pai e filho. Contou muitos pontos a emoção para o garotinho que compra um envelope e vê a própria figurinha. Entretanto, não foram apenas os mais novos que fizeram o álbum virar a grande febre no clube. Imagine qual não foi a emoção para os pais dos meninos ter uma figurinha de seu filho. Eles entraram na brincadeira e colecionaram, com o intuito de conseguir figurinhas de seu maior orgulho. Eu mesmo carrego na carteira a figurinha do Julinho, meu filho mais velho, e uma minha, como patrono de um dos times. A ideia deu certo porque encontramos um jeito de criar um produto que envolvesse emocionalmente as pessoas e que não existiria em mais nenhum lugar, feito especialmente para eles. Por meio do álbum, conseguimos proporcionar aos pais – e tios e avós e padrinhos... – mais uma maneira de curtir os seus pequenos e um momento da vida deles que não voltaria mais.

O álbum de figurinhas já virou uma tradição do São Paulo e já teve fotos de crianças que vieram a ser grandes craques. Lembro-me de um belo dia de 2007, quando cruzei com o Kaká no saguão do aeroporto de Cumbica, o maior e mais importante de São Paulo. Eu estava embarcando, enquanto ele chegava de viagem. Conheço-o dos tempos em que ele ainda jogava o campeonato interno, para sócios do São Paulo. Começamos a conversar e o Kaká falou que ficou sabendo do álbum de figurinhas que o clube tem feito nos últimos anos e cujos astros são os próprios sócios.

Pouco depois, Kaká soltou uma frase que não me saiu da cabeça nunca mais: "Julio, imagina quanto não valeria uma figurinha minha hoje em dia. Pena que na época em que eu jogava futebol no clube você ainda não estava no marketing". Pois é. Certamente, a imagem de um dos melhores jogadores do mundo quando criança se transformaria em tesouro.

Adorei saber que o álbum produzido a partir de uma ideia da diretoria de marketing do São Paulo chegou aos ouvidos do craque da Seleção Brasileira e do Real Madrid. O Kaká ainda se lembrou de que em seu tempo também jogavam no Social Tricolor o meia Júlio Baptista, hoje na Roma, o lateral-esquerdo Juan e, um pouco antes, o atacante Caio, que virou comentarista da Rede Globo.

Desde 2006, já fizemos quatro edições do álbum, sempre com aproximadamente quinhentas figurinhas cada, e o selo de qualidade da Panini, empresa que também produz o álbum da Copa do Mundo. Vendemos em média 50 mil envelopes por ano. No entanto, bem mais importante do que ganhar dinheiro com o produto é que, com essa iniciativa, nós conseguimos atrair pelo menos dois mil sócios titulares novos, um aumento de 25% do quadro associativo.

Até o filho do Pelé, Joshua, saiu da Hebraica e entrou no São Paulo por causa do álbum. Ele via os colegas de classe na escola com as figurinhas e acabou pedindo para o Rei do Futebol comprar um título tricolor. E assim foi com centenas de outros garotos.

Dentro de poucos anos, tenho certeza de que teremos alguns desses meninos arrebentando no time profissional. E, desta vez, haverá figurinhas deles da época de criança.

Em paralelo à ação do álbum de figurinhas, trabalhamos levando contratos do futebol para o social. A Coca-Cola fechou uma parceria de peso para construir o Santo Paulo, um bar dentro do Morumbi. Embutimos uma cláusula no contrato exigindo que eles se tornassem patrocinadores da parte social, cedendo bebidas para as festas internas e investindo dinheiro na Olimpíada Vermelha, Branca e Preta, um dos eventos mais tradicionais do clube.

Os outros setores do São Paulo também contribuíram. Juvenal promoveu uma enorme modernização do parque social, levando, por exemplo, iluminação e melhoria às quadras de tênis. O departamento feminino, conduzido por Mara Casares, Angelina Juvêncio e Edelize Haddad, por sua vez, deu uma nova cara às festas, assegurando a presença de cantores famosos ao Morumbi, como Simone, Beth Carvalho, Fábio Junior, Joana, Ney Matogrosso...

Dois anos depois daquela reunião com Juvenal, o São Paulo já havia revertido a tendência de queda do número de associados e caminhava para cumprir a meta do *deficit* zero. Hoje, o departamento social chega a dar lucro. A situação mudou de tal maneira que o clube pôde aumentar o título patrimonial de 3 mil reais para 10 mil reais. E o departamento de futebol não tem mais de cobrir os prejuízos do clube.

AÇÕES QUE ABREM A CABEÇA

De onde saem sacadas com a do álbum de figurinhas, que ampliam os horizontes de uma situação aparentemente irreversível? Como conseguir ter uma visão perspicaz do mundo? Creio que para desenvolver essa visão apurada é preciso, antes de mais nada, se informar e ler tudo. Eu me considero um consumidor de notícias. Jornais impressos, internet, redes sociais, rádio... Ler o jornal todas as manhãs, por exemplo, faz você ficar antenado no que acontece – e saber o que está acontecendo no mundo pode ajudá-lo a ter novas ideias, a perceber quais setores do mercado estão aquecidos, a ler histórias de pessoas inovadoras que possam ser um modelo para seus objetivos de vida.

Para entrar em contato com um universo diferente do seu, uma boa ideia é ler revistas ou sites que não tenham nada a ver com suas atividades do dia a dia ou frequentar locais que são inusitados para você. Procure estar antenado em tudo. Tudo mesmo. Sem ter muito filtro. Recomendo se interessar por notícias e assuntos importantes do país e do mundo, mas sugiro também que você se ligue naquilo que está seduzindo as massas, seja um vídeo na internet, seja a música de uma cantora fenômeno. Por trás de uma letra de música ou de um comportamento, você pode descobrir o que está na mente e no coração das pessoas. E assim fica cada vez mais próximo de encontrar os tesouros que vão cair no gosto desse público. Aliás, você não pode viver numa bolha. A relação humana é fundamental. Falar com pessoas, participar de eventos e militar em uma entidade, seja ela qual for, lhe dá uma visão importante para a vida.

AMPLIE SEU MUNDO

Mais um conselho que costumo dar para quem deseja abrir a cabeça para ideias lucrativas é ser muito mais do que um especialista na sua área. Tudo bem, mercado busca gente que tenha conhecimento profundo sobre determinado tema. Entretanto, às vezes, ficar só na sua área, na sua zona de conforto pode transformá-lo em uma pessoa bitolada. Não deixe que isso aconteça! Prove que você consegue enxergar além daquele pequeno círculo em que está inserido. Isso não é legal, ainda mais para quem quer ser criativo e inovador. Por isso é tão importante abrir a cabeça cada vez mais. Então, você vem e me diz: "Ah, mas eu não tenho tempo para aprender nada novo". Tempo é questão de planejamento. E, se nos planejarmos, todos nós temos tempo para as novidades. Abrir a cabeça pode dar um pouco de trabalho no começo, contudo, algumas mudanças de comportamento já ajudam a ampliar nossa visão de mundo.

Entrar em um time de basquete, fazer aulas de teatro, incluir uma atividade cultural aos fins de semana (como ir a um museu ou a um concerto) ajudam você a pensar diferente, pois aumentam seu repertório de vida. Quem diversifica os interesses e se expõe ao novo consegue deixar a própria visão de mundo mais abrangente, raciocina melhor e desenvolve a habilidade de enxergar o mundo pelos olhos de outras pessoas. Só conseguimos nos colocar no lugar do outro quando temos alguma noção de como é uma vida diferente da nossa. E isso, para quem quer inovar, é algo muito importante, pois precisamos reunir vários pontos de vista para que uma ideia criativa venha à tona. Um jeito interessante e prazeroso de abrir a cabeça é viajar. Quando viajamos, entramos em contato com culturas diferentes (mesmo se não saímos do Brasil, pois o modo de viver em Recife pode ser muito diferente do de viver em São Paulo, por exemplo). Isso enriquece nossa cultura pessoal e nossa visão de mundo. Atravessar um igarapé na Amazônia pode mostrar a quantas anda nossa resiliência e nos ajudar a ter ideias que, no meio do caos da cidade grande, não surgiriam. Ver afrescos em uma capela italiana pode nos fazer pensar sobre a grandeza e a importância da arte. Sentar-se em uma praia do Haiti pode nos fazer pensar sobre quanto somos pequenos no mundo e como poderíamos contribuir para fazer do mundo um lugar melhor. Quando nos colocamos em situações que fogem da rotina, nossa mente fica alerta para perceber novas sensações e para ter ideias que nunca imaginaríamos que pudéssemos ter.

Finalmente, nada será o bastante se você não souber adequar isso à companhia em que atua ou ao seu negócio. Você precisa conhecer o segmento em que está inserido e se aprofundar nas questões pertinentes ao desenvolvimento de um produto ou à carência e aos valores da empresa em que trabalha. Sobretudo, as ideias devem ser sempre viáveis jurídica e economicamente.

BATIZANDO UM TRICOLOR

Manhã de sábado em São Paulo. O Tricolor não joga no Morumbi, mas uma fila se forma no lado externo do estádio.

Seriam torcedores em busca de ingressos? Candidatos a craques dispostos a fazer um teste? Nada disso. As pessoas em questão são torcedores que procuram o Cícero Pompeu de Toledo para participar do Batismo Tricolor. Essa é mais uma ação que considero fruto de um compilado de informações que me fizeram abrir a cabeça e criar esse evento/serviço que cai como uma luva para o torcedor de um time.

É bom deixar claro que nosso batismo não interfere na religião, no credo ou na crença das pessoas. Trata-se de uma solenidade para oficializar a são-paulinidade de cada um. E quem participa do ato, em pleno gramado do Morumbi, tem seu nome registrado nos anais da instituição, assina um livro de registro, recebe diploma, foto, *bottom*, vela e um vaso com grama do estádio. Há inclusive um DVD com a gravação da solenidade.

COISA PROFISSIONAL!

A ideia de criar o Batismo Tricolor surgiu em 2007. Eu estava conversando com o conselheiro Paulo Elísio, hoje falecido, sobre diversas coisas, até que surgiu o papo. Dias depois, apareceu lá na sala de marketing do Morumbi um cidadão chamado Valentim vendendo produtos. Ele é do tipo bonachão, são--paulino fanático... Olhei para ele e, juntamente com o Nino e o Bruno, funcionários do departamento de marketing, me lembrei da conversa com o Paulo Elísio. Pronto: havia encontrado quem promoveria os batismos. Bastava deixar a barba crescer e o Valentim se transformaria numa cópia perfeita do próprio santo.

Dito e feito. Desde então, os sábados viraram os dias para os batismos. As sessões são realizadas a cada hora, com média de vinte pessoas por sessão, das 9 horas da manhã até as 17 horas. Acredite se quiser: já são mais de 10 mil pessoas batizadas. Entre elas, há muitos famosos, como Henri Castelli, ator da Rede Globo.

O Batismo Tricolor até traz receita para o clube, afinal, cada pessoa paga 120 reais para participar da solenidade. O mais importante, porém, é o ganho institucional para o São Paulo.

Agora quer saber o que é mais curioso? Fazemos um pequeno questionário com as pessoas batizadas e perguntamos para que time os pais delas torcem. Pelo menos 18% são corintianos, 8% palmeirenses e 5% santistas. Entretanto, queridos papais, não se preocupem: seus filhos estão em ótimas mãos.

TRÊS IDEIAS PARA ABRIR A CABEÇA

1 | Você precisa ser *expert* em ler as mensagens subliminares que estão nas atitudes das pessoas. Quais são as necessidades e os desejos que você percebe?

2 | Para desenvolver uma visão perspicaz do mundo, é preciso, antes de mais nada, se informar e ler de tudo, observar.

3 | Quem quer inovar precisa saber reunir vários pontos de vista para que uma ideia criativa venha à tona.

SEU PLANO DE AÇÃO CRIATIVA

Complete as frases abaixo e comece agora a abrir a cabeça:

"Não vou mais procrastinar a minha matrícula em um curso de..."

"Vou reservar ... minutos diários para me informar sobre o que acontece no mundo."

"Uma fonte de informação que não acesso, mas que fará parte do meu dia a dia a partir de hoje, é..."

"O próximo destino de viagem que vai me ajudar a ampliar minha visão de mundo é..."

ESTRATÉGIA 3 – FAÇA SEU CADERNO DE IDEIAS

Você já deve ter ouvido alguma história do músico que anda sempre com caneta e papel à mão, caso surja de repente a letra de uma música. Quem trabalha criando ideias para marketing, ainda mais em ramos extremamente competitivos, como eu faço, também vive realidade parecida. E mais do que isso: qualquer hora é hora para ter uma boa ideia. Ideias não escolhem hora nem local para surgir. Há quem costume ter aquelas sacadas geniais no chuveiro, há quem sonhe com uma solução diferente para aquele problema que parece impossível de resolver. E tem também quem passe o dia tendo ideias: no carro, na esteira da academia... Não importa aonde nem como os *insights* chegam. O que importa mesmo é que você dê um jeito de guardar tudo isso. Lembre-se de que elas são o seu maior tesouro e que poderão ser o começo da descoberta dos tesouros escondidos em seu negócio.

Existe gente que diz que consegue memorizar tudo, que não tem problema para se lembrar depois. Eu acho melhor anotar tudo. Há detalhes que talvez se percam se você for confiar apenas na memória. É difícil lembrar literalmente de um pensamento alguns meses depois. Você vai carregar seu cérebro com mais uma informação que não precisa, necessariamente, ser armazenada na sua cabeça. Além disso, é muito mais interessante ter todas as suas criações organizadas.

Para facilitar a vida, uma boa opção é ter um caderno de ideias sempre por perto. Nesse caderno, você vai anotar tudo o que vier na sua cabeça, por mais estranho que possa parecer. Todas as ideias que você tiver devem ser colocadas ali. Esse caderno funciona como um grande *brainstorm* de tudo o que você já pensou. Não precisa ser nada muito organizado, afinal esse instrumento é um grande rascunho das coisas que você imagina. Anote de um jeito que você entenda, mas não se preocupe em deixar tudo muito arrumadinho, o importante é colocar a ideia no papel. Pode parecer pouca coisa, mas ao escrevermos ela se torna cada vez mais real, pois estamos organizando racionalmente nosso pensamento. Escrever é o primeiro passo para deixar aqueles pensamentos voadores mais palpáveis. Outra vantagem do caderno de ideias é que você pode consultá-las em sequência e, a partir da leitura, encontrar conexões entre elas, redescobrir pensamentos ou aprimorar *insights* antigos. Se você der uma olhada no seu caderninho uma vez ao dia, todos os dias, vai conseguir refletir sobre elas e pensar em maneiras de transformá-las em realidade.

MAURREN, O RESGATE DA TRADIÇÃO

Sabe quando você tem uma boa ideia, mas precisa de mais uma peça para que ela fique redonda? Coloque-a em seu caderno. Mais tarde, no momento certo, aquela peça do quebra-cabeça vai aparecer para ajudar você a tornar aquele projeto possível. Sempre tive vontade de trazer a atleta Maurren Maggi para treinar no São Paulo. Essa ideia ficou no meu caderno até o dia 17 de outubro de 2009. Eu estava no Morumbi assistindo ao jogo contra o Atlético Mineiro. Por sinal, perdemos por 1 a 0, resultado que praticamente acabou com a chance do tetracampeonato. Entretanto, o dia não teve nada de fatídico. Nascia ali o projeto para contratar a Maurren para o São Paulo.

Torcedora assumida do Tricolor, ela estava comigo na tribuna da presidência para ver o jogo. Falamos bastante enquanto a bola rolava e, na hora de me despedir, disse que ela ainda iria saltar pelo São Paulo. Maurren respondeu na mesma hora: "É meu maior sonho". Essas quatro palavras ficaram martelando na minha cabeça por um bom tempo. Comecei a trabalhar no projeto.

Vinte dias depois, havia montado um projeto para transformar a Maurren em atleta do São Paulo. Para torná-lo viável, precisava arranjar um grande patrocinador, que bancaria seu salário e a possibilidade de ela realizar alguns treinos e clínicas para crianças carentes no Morumbi. Faltava o principal: saber o que nossa campeã olímpica achava daquela ideia. Ela leu a papelada e perguntou: "Onde eu assino?"

A partir daí, ficou fácil. Logo de cara, procurei a Nestlé por saber da vontade da empresa em trabalhar a favor do esporte.

E tem mais: Maggi é um dos produtos mais conhecidos da Nestlé. Na última hora, a alguns dias da assinatura do contrato, fiquei sabendo que o Botafogo havia conseguido um patrocinador forte e queria levá-la para o Rio de Janeiro. Contudo, não havia como perder a Maurren.

Além de nos reforçar com uma são-paulina de verdade, a medalhista de ouro nos Jogos Olímpicos de Pequim, em 2008, ainda resgata a linda tradição do São Paulo no atletismo. Ou alguém se esqueceu de que as estrelas douradas do escudo tricolor são referência aos recordes mundial e olímpico conquistados por Adhemar Ferreira da Silva nas Olimpíadas de 1952 em Helsinque, e nos Jogos Pan-Americanos de 1955 no México?

A apresentação da Maurren como atleta do Tricolor foi digna de sua grandeza. A solenidade, realizada no Morumbi, contou com a presença do então ministro do Esporte, Orlando Silva, do presidente são-paulino Juvenal Juvêncio e do presidente da Nestlé, Ivan Zurita.

A contribuição do São Paulo ao esporte amador foi muito além. Depois do sucesso dessa parceria, vários outros clubes resolveram copiar tal modelo. O Flamengo acertou com Cesar Cielo, o Corinthians fechou com Thiago Pereira e Poliana Okimoto. Quem sabe, daqui a alguns anos, o Brasil seja o país do futebol e também da natação, do basquete, do vôlei... Essa é uma ideia que também está no meu caderno.

TRÊS ATITUDES PARA COMEÇAR A COLECIONAR IDEIAS

1 | Qualquer hora é hora para ter uma boa ideia. Ideias não escolhem hora nem local para surgir.

2 | Escrever é o primeiro passo para deixar sua ideia palpável.

3 | Uma grande vantagem do caderno de ideias é poder consultar todas as suas ideias em sequência e, a partir da leitura, encontrar conexões entre elas, redescobrir pensamentos ou aprimorar *insights* antigos.

SEU PLANO DE AÇÃO CRIATIVA

Complete as frases abaixo e comece agora a guardar ideias em um caderno:

"Minhas melhores ideias costumam surgir quando eu..."

"Dia... é quando vou adotar o hábito de anotar as ideias em um caderno."

"As ideias que já tive e que precisam ir direto para o meu caderno são..."

"A primeira ideia que vou desenvolver em meu caderno até ficar redonda para virar realidade é..."

ESTRATÉGIA 4 – AMADUREÇA E PROFISSIONALIZE SUA IDEIA

Uma boa ideia é como um bom vinho: precisa de tempo para ganhar corpo. Quando não há esse período de maturação, é muito comum você comentar sobre a sua ideia, ainda verde, com alguém e ouvir palavras pouco motivadoras, simplesmente porque ela ainda não está pronta. Se você ouve uma crítica negativa no momento em que a ideia ainda é muito recente, corre o risco de ficar desanimado, descrente e com a autoestima lá embaixo. Resultado? Você tende a deixá-la de lado apenas porque não deu tempo ao tempo. Agora, quando já reflete antes sobre o assunto e já sabe quais são os pontos altos e os possíveis problemas da ideia, tem mais segurança para conversar sobre o assunto com as pessoas e, consequentemente, para defender seu ponto de vista.

Para não correr o risco de minar uma ideia promissora, adotei o hábito de deixar que ela amadureça antes de apresentá-la. Mesmo que considere sua sacada genial e tenha vontade de sair contando para todo mundo – seu chefe, seus pares, sua equipe... –, deixe que ela descanse por 24 horas. Vá pensando mais sobre aquela ideia e faça o papel do advogado do diabo: "Quais são os furos que ela ainda pode ter? Será mesmo que é tão inovadora quanto parece? Ninguém fez nada parecido antes?" Por fim, pense em como pode ser possível torná-la ainda melhor. Certamente há maneiras de aprimorar. Depois de um dia em contato com sua ideia, você estará mais seguro sobre o assunto. Uma boa ideia precisa ser bem regada e bem trabalhada para gerar uma grande receita. Nessas 24 horas, pense também em como você poderia viabilizá-la e trace um pequeno plano para tirá-la do papel. Isso é essencial principalmente porque você vai precisar vender essa ideia para mais gente. Muitas vezes, as pessoas não têm a mesma visão que você, nem o mesmo conhecimento sobre aquele assunto ou aquela área. Para comprar sua ideia, elas precisam que todos os detalhes estejam bem explicados e esquematizados. Monte uma apresentação no computador e dê uma roupagem profissional para sua ideia. Organize sua fala – mesmo uma ideia incrível precisa ser apresentada por alguém que transmita credibilidade e embasamento, sem gaguejar. Digo isso porque muitas vezes você vai precisar do apoio, da aprovação, da assinatura e até mesmo do dinheiro de outras pessoas para fazer a ideia andar. Portanto, uma embalagem organizada contará pontos.

Guarde este conselho para quando você for sentar na frente de um presidente ou diretor de marketing: seja o mais objetivo possível. Não precisa falar com muita rapidez, mas preste atenção no tempo do qual seu interlocutor dispõe. Uma pista: quanto maior o cargo que ele ocupa, menor o tempo que ele tem. E a pior coisa do mundo para um alto executivo que tem um milhão de questões para resolver é atender alguém que abre o computador naquela calmaria e fica uma hora e meia enrolando para chegar ao ponto principal. Ele quer coisa rápida, ele quer objetividade. Um jeito de vender seu peixe em pouco tempo é preparar seu *pitch*, que se trata de uma apresentação com três a cinco slides que incluem basicamente: a ideia, o público-alvo e os diferenciais (ou seja, por que a sua ideia é melhor que a dos outros e merece ser comprada). Você também pode começar a conversa dizendo: "Eu não vou gastar mais do que vinte minutos para apresentar tudo o que tenho para mostrar". Essa é uma maneira de fazer com que seu interlocutor seja mais receptivo, pois percebeu que você está ali concentrado, sabendo aonde quer chegar.

O TIME DO PERNALONGA

Durante a década passada, em meio aos gols de Amoroso, aos desarmes de Josué e Mineiro, às roubadas de bola de Lugano e às defesas de Rogério Ceni, a diretoria são-paulina também garantiu muitos gols de placa. Um dos que mais me orgulham de ter participado foi o que resultou em um produto absolutamente inédito no mercado mundial: o Pernalonga vestido de tricolor.

Sim, o principal personagem dos desenhos animados da Warner usou pela primeira vez na história a camisa de um time de futebol. E, para conseguir tal feito, nós do marketing travamos verdadeiras batalhas, como nossos jogadores fizeram durante o Mundial de Clubes de 2005. Quanto mais inovadora e ousada uma ideia, mais ela precisa ser amadurecida. E foi justamente o que fizemos no percurso para tornar esse sonho possível.

A epopeia do Pernalonga começou quando constatamos que o licenciamento de nossos produtos precisava melhorar. Teríamos de recorrer a alguma empresa especializada no assunto e descobrimos que o mercado contava com duas: a Warner e a Disney. Antes de tomar uma decisão final, buscamos opiniões de quem já conhecia o trabalho delas. O Leonardo, hoje diretor de futebol do PSG, havia participado de perto da chegada da Warner ao Milan.

Tivemos as melhores referências a respeito da Warner e gostamos da proposta que nos foi feita. Faltava um detalhe: a inclusão dos direitos de imagem do Pernalonga no contrato. Com a ajuda do coelho, tínhamos a convicção de que milhões de crianças pelo Brasil se tornariam são-paulinas.

Logo de cara, veio a negativa por parte da Warner. Os norte-americanos estavam irredutíveis com relação ao Pernalonga, que nunca havia tido sua imagem explorada por parceiro nenhum. A contraproposta da Warner era oferecer o Taz, como é conhecido o Demônio da Tasmânia, outro personagem bastante popular dos desenhos animados.

O São Paulo gostou da ideia, mas não abria mão do Pernalonga. Depois de uma dezena de reuniões, centenas de trocas de e-mails e milhares de minutos ao telefone, conseguimos mostrar para os norte-americanos da Warner que seria um ótimo negócio para todos os lados. E foi mesmo. Os bonecos do Pernalonga venderam como água na megaloja do clube, no Morumbi – foi a única unidade a comercializá-los. Cada remessa de Pernalonga não durava mais do que dois dias nas estantes. O bicho de pelúcia, que custava 200 reais, virou uma febre.

O acordo com a Warner também fez da gigante norte-americana a responsável pela escolha dos produtos que seriam licenciados e pela negociação com os fabricantes. Hoje, o Tricolor tem mais de quinhentos produtos diferentes no mercado. E eles vão muito além de camisas, bonés e bolas, como de costume.

Você pode encontrar em qualquer loja da São Paulo Mania coisas como extrato de tomate, pipoca, espumante, cadeado, ovo de chocolate, baralho, roupa de cama, saco de presente, perfume, biquíni, escova de dente, chinelo, réplica do Morumbi... Tudo com o selo do Tricolor, um atestado de qualidade e parte da receita revertida aos cofres do clube. Entretanto, conforme ensina o ditado, certas coisas não têm preço, como ver o Pernalonga revelando seu coração tricolor.

TRÊS ATITUDES PARA DEIXAR SUAS IDEIAS MADURAS

1 | Saber quais são os pontos altos e os possíveis problemas da ideia ajuda você a ter mais segurança para conversar sobre o assunto com as pessoas e defender seu ponto de vista.

2 | Deixe que sua ideia descanse por 24 horas e nesse tempo questione: "Quais são os furos que ela ainda pode ter? Será mesmo que é tão inovadora quanto parece? Ninguém fez nada parecido antes?"

3 | Organize sua fala – mesmo uma ideia incrível precisa ser apresentada por alguém que transmita credibilidade e embasamento, sem gaguejar.

SEU PLANO DE AÇÃO CRIATIVA

Complete as frases abaixo e comece agora a profissionalizar suas ideias:

"Uma ideia que eu tive e que precisa descansar 24 horas é..."

"O ponto forte dessa ideia é... E o ponto fraco é..."

"Minhas próximas ações para profissionalizar essa ideia são..."

"Os argumentos que preciso formatar para vender essa ideia para mais gente são..."

ESTRATÉGIA 5 – NÃO TENHA MEDO DE ARRISCAR

Se você acredita na sua ideia e acha que ela pode ser aplicada na vida real, vai ter de lidar com mais um obstáculo: o medo de arriscar. Esse é um receio comum, pois emplacar algo novo nem sempre é fácil. Posso adiantar que haverá resistência para manter as coisas como elas eram. Então, você precisa bancar o que defende. E a melhor prova de que você acredita na sua ideia é a energia que investe para colocá-la de pé.

Toda revolução de ideias dá trabalho para o inovador. Porque há um longo caminho a ser percorrido até que aquele tesouro escondido que veio à tona em seus pensamentos se torne uma realidade de sucesso. Depois de formatá-la e apresentá-la a quem vai ajudar você a viabilizá-la, será hora de colocar a mão na massa e ir atrás de tudo o que é preciso para aquele projeto ser realizado com qualidade. E você, o autor da ideia, terá de liderar a execução – se tiver medo de que ela seja um fiasco, certamente vai congelar nessa etapa. Você só bota as caras e coloca a mão na massa em alguma coisa quando está 100% envolvido, com coragem para fazer dar certo. Isso é importante, porque, mesmo que conte com uma equipe para ajudá-lo, você precisará sempre gerenciar os processos para que tudo saia como planejado.

Uma ideia em mãos inseguras acaba sendo um fiasco. Em contrapartida, uma ideia tocada por quem põe fé naquilo que faz vai longe e rende frutos. Para que a venda da grama do São Paulo virasse um *case* de sucesso, tivemos de suar a camisa e fazer todo o processo como manda o figurino. Em nenhum momento, tive medo de que aquilo não fosse um sucesso, mas também pensei em todos os detalhes para que os riscos fossem os menores possíveis. A ideia da embalagem especial, a quantidade de *kits* disponível, a distribuição do produto no ponto de venda. Tudo foi feito com precisão. E essa parte não tem *glamour* nenhum! Tem bastante trabalho, é preciso suar a camisa! O profissional criativo bem-sucedido vai muito além de uma mente brilhante: ele é dotado de muita paciência, jogo de cintura e confiança naquilo que está fazendo. Ideias são 1% inspiração e 99% transpiração. Se você não quer trabalho, melhor não ter ideias, melhor ficar acomodado onde está. Ou você acha que os grandes inventores conseguiram emplacar suas criações com facilidade? Na primeira exibição de um filme, os irmãos Lumière tiveram de lidar com gritaria e correria porque as pessoas achavam que o trem projetado sairia da tela. Quando Graham Bell inventou o telefone e tentou vendê-lo, o dono da empresa com quem ele queria negociar disse que ele não teria nenhum uso para um brinquedinho daquele. E olha que essas duas eram ideias geniais que mudaram os rumos da humanidade!

A VOLTA DE PANTANAL

Em 2002, Silvio Santos estava no ar com o programa *Show do milhão*, que fazia muito sucesso; a programação no canal também tinha alguns filmes bons, mas... a audiência só caía. Estávamos em uma encruzilhada e então Silvio marcou uma reunião com os diretores do SBT para discutir o que faríamos para ajudar a levantar a audiência do canal. Todos se sentiam desanimados e foi então que me surgiu a ideia: colocar de novo no ar a novela *Pantanal*. Confesso que no começo senti certo receio de dizer o que havia me passado pela cabeça, pois poderiam me chamar de maluco. Entretanto, eu me mantive firme e arrisquei: "Vamos fazer uma coisa? A novela *Pantanal* foi um dos maiores sucessos da tevê brasileira na década de 1980, lá na extinta TV Manchete. Vamos montar uma comissão para ir atrás do acervo dessa novela, pagar direitos autorais e tentar exibi-la novamente. Nós teremos um custo de produção bem menor do que teríamos, será um *remake* com custo zero".

Silvio adorou a ideia e a comprou de imediato. Foi difícil fazer com que aquela ideia meio maluca virasse realidade? Sim, bastante. Foi preciso negociar com o sindicato de atores, com a TV Manchete que entrou na justiça... mas o Silvio ganhou. E isso fica de ensinamento: toda ideia, mesmo a mais brilhante de todas, dá muito trabalho até ficar de pé. Exige empenho, exige assumir riscos. Aliás, toda revolução provocada pelas ideias dá trabalho. Se você não quer trabalho, fique em casa.

Infelizmente, logo depois desse episódio, o destino me mandou para a Rede Record. Digo infelizmente porque eles viabilizaram a ideia e ela voltou-se contra mim! O SBT colocou a novela em horário nobre e a audiência subiu de cinco para onze pontos nesse horário. E agora minha função era bater o tesouro que eu mesmo havia descoberto!

TRÊS ATITUDES PARA TER CORAGEM DE ARRISCAR

1 | A melhor prova de que você acredita na sua ideia é a energia que você emprega para colocá-la de pé.

2 | Ideias são 1% inspiração e 99% transpiração. Se você não quer trabalho, melhor não ter ideias, melhor ficar acomodado onde está.

3 | Você só bota as caras e coloca a mão na massa em alguma coisa quando está 100% envolvido, com coragem para fazer dar certo.

SEU PLANO DE AÇÃO CRIATIVA

Complete as frases abaixo e comece agora a ousar mais:

"Eu tenho coragem para arriscar quando minha ideia tem estas três características:..."

"A ideia que quero colocar de pé hoje precisa das seguintes ações práticas:..."

"Para conseguir levar uma ideia até o fim, eu preciso ter mais..."

"O maior obstáculo que preciso superar para aumentar minha coragem de arriscar é..."

ESTRATÉGIA 6 – DEFENDA SUAS IDEIAS (E ACREDITE NELAS)

Ideias inovadoras encontram resistência. Sempre. Por isso, não tenha medo de ouvir muitas críticas quando levar sua ideia a público. Você tem boas chances de ser taxado de louco, de visionário maluco, de não ter os pés no chão. Isso acontece com os melhores criadores! Aconteceu com pessoas como Louis Braille, o inventor do código Braille, que ficou cego muito jovem e queria inventar um sistema para que pessoas com deficiência visual pudessem ler. Quando comentava sobre seu sonho, lá no século XIX, ele só ouvia risadas e sarcasmo. Ninguém acreditava que aquilo seria possível, mas ele mostrou a todos que era viável criar um alfabeto legível pelo toque da ponta dos dedos. O mesmo descrédito foi enfrentado pelo cientista Galileu Galilei, que, no século XVII, acreditava na teoria heliocêntrica (de que a Terra girava em torno do

Sol e não o contrário) e acreditava, também, que a Terra era redonda e não plana. Ele lutou para provar que essa teoria era a correta e foi parar no tribunal da Inquisição da Igreja Católica, acusado de heresia. Para preservar a própria vida, Galileu silenciou sua teoria por sete anos, mas nunca deixou de acreditar firmemente nela.

Nunca desista da sua ideia. Defenda o que você acredita até conseguir provar para os outros que ela tem fundamentos e funciona. E quando ouvir críticas pesadas ou descobrir que as pessoas não estão dando a você o seu devido valor, lembre-se dos gênios. Eles são os primeiros a ser destratados por seus contemporâneos.

COMO VAI SUA AUTOESTIMA PROFISSIONAL?

Engana-se quem acredita que o maior detonador de ideias inovadoras são os críticos e descrentes de plantão. Na verdade, a pessoa mais capaz de destruir uma boa ideia que você teve é você mesmo. Estou ficando maluco? Não! Estou falando de autoestima profissional. Se você acredita no seu potencial e sabe que pode ir mais longe com o conhecimento que adquiriu até hoje, certamente vai seguir firme e forte na defesa de uma ideia que considera promissora. Em contrapartida, se lá no fundo você se considera um profissional medíocre e se coloca no fim da fila dos merecedores de reconhecimento e promoções, vai acabar pedindo desculpas ao primeiro sinal de crítica sobre uma ideia sua. Como não deixar que isso aconteça? A única saída é fortalecer a autoestima profissional.

O primeiro passo para isso é analisar de onde vem a descrença em sua capacidade de fazer e acontecer. Pode ser que você tenha feito uma autoavaliação e chegado à conclusão de que precisa de mais quilômetros rodados de experiência ou de conhecimento para bancar suas ideias com segurança. Caso não tenha estudado tanto quanto gostaria ou ainda esteja no começo de carreira, corra atrás do prejuízo e vá se fortalecer. Pode ser também que sua baixa autoestima tenha origem em um histórico em que sua chefia o colocou para baixo e nunca deixou você brilhar. Ou então em algum fracasso que ficou cristalizado em sua mente e acabou deixando você abrir mão da sua capacidade de fazer sucesso. Nesse caso, a chave da autoestima profissional está em olhar para tudo o que você realizou e começar um processo de resgate do seu valor. Mesmo que você não se dê conta, suas ideias são fruto do conhecimento e das experiências profissionais que você acumulou, dos acertos e erros que já vivenciou. Não deixe que tudo isso se perca no passado. Quando você defende sua ideia, está defendendo sua história profissional.

LOUCO OU VISIONÁRIO?

Eu mesmo tive de lidar com o descrédito de alguns quando apresentei em 2005 a ideia de criarmos a primeira megaloja do São Paulo. A ideia era que a loja tivesse 720 metros quadrados, em uma área do estádio cuja ocupação era de apenas 5% da capacidade total de público. Para falar a verdade, o espaço escolhido costumava ser chamado de "urinódromo". Atrás do gol do portão principal do Morumbi, o local vivia às moscas.

Teve gente que me criticou dizendo que não seria possível atrair público para lá. Em nenhum momento eu duvidei de que aquilo pudesse dar certo. E sorte que o presidente do São Paulo Futebol Clube também não. Assinamos o contrato com a Reebok em 2006 e inauguramos a megaloja em 2007. Desde então, nenhuma loja da Reebok no Brasil vende tanto quanto a do Morumbi.

O sucesso foi tamanho que repetimos a dose na construção do Santo Paulo Bar, restaurante descolado e vizinho da megaloja, também com visão total do campo. A pretensão era criar um espaço dentro do estádio em que as pessoas pudessem comer. A parceria com a Coca-Cola logo fez do Santo Paulo Bar uma realidade. Na sequência, vieram a Sala Raí, camarote em que nosso eterno craque recebe convidados, a livraria Nobel, a loja da Nestlé, o bufê infantil Fantastic World, a academia de ginástica da Companhia Athletica, entre outras novidades a caminho.

Antes de tudo, o Morumbi Concept Hall foi um processo social, porque abriu as portas do estádio nos sete dias da semana para o torcedor, seu verdadeiro dono e hoje cliente. Acabamos com as grades e convidamos a população a ver o estádio como um grande complexo de lazer. Afinal, o Morumbi ocupa um dos metros quadrados mais valorizados do país, encravado entre três grandes shoppings, com estacionamento e segurança.

Mais de três mil pessoas passam pelo estádio diariamente. São turistas, visitantes, estudantes, torcedores... Com eles, além de democratizar nossa casa, fizemos do estádio a maior fonte de receita do clube em 2010 e 2011. Sim, o Morumbi, que era o principal responsável pelos prejuízos na conta são-paulina no início da década passada, fechou 2010 com um lucro de 40 milhões de reais e bateu os 45 milhões de reais em 2011.

Posso garantir que nunca fiz uma "loucura" tão rentável.

A CASA DE ESPETÁCULOS

A megaloja, aliás, foi só a tacada inicial para uma série de negócios rentáveis realizados dentro do estádio do Morumbi. Paul McCartney, Madonna, U2, Bon Jovi, Metallica, Beyoncé... Se fosse citar todos os grandes astros que passaram recentemente por lá, gastaria pelo menos uma página deste livro. A verdade é que todos os últimos grandes shows realizados no Brasil tiveram o estádio do São Paulo como palco. Graças à nova filosofia de aproveitamento inspirada no Morumbi Concept Hall, a maior cidade do país passou a enxergar na casa tricolor uma arena multiuso, capaz de receber os mais diversos eventos.

Cada show realizado no Morumbi rende aproximadamente 1,5 milhão de reais livre aos cofres do Tricolor. E o mérito também é do Roberto Natel, que atua como vice-presidente social e de esportes amadores. Ele soube conduzir com maestria as negociações com as grandes promotoras de shows do mundo.

Além da receita maravilhosa com as apresentações de celebridades do mundo musical, o Morumbi aprendeu a fazer dinheiro com os camarotes. A ideia surgiu em 2003 com João

Paulo de Jesus Lopes, então diretor de planejamento do clube. O São Paulo Futebol Clube lutava contra os seguidos prejuízos de seu estádio e precisava se adequar ao Estatuto do Torcedor. Para conseguir receitas, ele desenvolveu um projeto de venda de camarotes corporativos, suprimindo as cadeiras amarelas e laranjas. Tais espaços passaram a ser alugados. Os primeiros contratos valiam 100 mil reais e davam direito de exploração por três anos. Hoje, os camarotes não saem por menos de 250 mil reais por temporada.

Com as locações, o clube conseguiu dinheiro para fazer do Morumbi um estádio cheirando a novo. E seu futuro é ainda mais promissor, na medida em que os camarotes são cada vez mais disputados. Até por isso, estamos criando novos espaços, desta vez menores, chamados de suítes, para atender também ao interesse de torcedores comuns, que queiram levar a família.

O projeto começou a ser desenvolvido por Adalberto Baptista, que se tornou diretor de Marketing em 2009, no momento em que eu passei a ocupar a vice-presidência de Comunicação e Marketing, e agora é tocado por Rogê David, o novo homem do marketing tricolor. Muitas outras unidades de negócio ainda estão por vir.

Tenho certeza de que, em poucos anos, o nosso Morumbi será tão poderoso quanto um shopping. Ou alguém ainda duvida da força da marca do São Paulo? E tudo começou com uma ideia que foi alvo de críticas! Guarde essa história na manga para o caso de passar por uma chuva de críticas. O criador da ideia é também o seu melhor guardião.

TRÊS ATITUDES PARA DEFENDER SUAS IDEIAS E ACREDITAR NELAS

1 | Nunca desista da sua ideia. Defenda o que você acredita até conseguir provar para os outros que ela tem fundamentos e funciona.

2 | Se você acredita no seu potencial e sabe que pode ir mais longe com o conhecimento que adquiriu até hoje, certamente vai seguir firme e forte na defesa de uma ideia.

3 | O primeiro passo para fortalecer sua autoestima profissional é analisar de onde vem a descrença em sua capacidade de fazer e acontecer.

SEU PLANO DE AÇÃO CRIATIVA

Complete as frases abaixo e comece agora a botar fé em suas ideias:

"Minhas melhores qualidades como profissional são..."

"Os melhores elogios que já recebi como profissional foram..."

"Minhas ideias mais bem-sucedidas foram..."

"Os motivos pelos quais eu defendo minhas ideias são..."

CAPÍTULO 5

CRIE A SUA REDE DE IDEIAS RENTÁVEIS

Todos nós temos um tesouro escondido e plenas condições de encontrá-lo. Para isso, basta ter coragem de fazer diferente, de pensar diferente. Chega de ficar estagnado nas mesmas ideias, nos mesmos comportamentos e modelos de negócio. Você precisa, a partir de agora, ter a crença inabalável de que possui o potencial para achar ouro onde ninguém mais pôde vê-lo. O primeiro passo para isso é finalmente enfrentar o Departamento da Mesmice, que acaba dominando a maioria dos negócios, engessando o processo criativo dos profissionais. E não tem outro jeito para se livrar da praga da mesmice que não seja se jogar de verdade no seu negócio, no seu projeto. Você precisa se envolver por inteiro: ir dormir pensando nele e queimar neurônios para encontrar um jeito de sair do lugar-comum.

Você pode aprender a pensar como os gênios, que não se conformavam com o que já existia e não deixavam o tédio tomar conta de sua mente. No livro *Aprenda a pensar com*

Leonardo da Vinci, o autor Michael J. Gelb, especialista em criatividade e inovação, estudou os cadernos de rascunho desse gênio italiano para descobrir como era seu raciocínio e mapeou sete princípios que guiavam a vida de Da Vinci: *curiositá* (buscar constantemente aprendizados); *dimostrazione* (testar o seu conhecimento a partir de experiências e aprender com seus erros); *sensazione* (aguçar os cinco sentidos para notar coisas que poderiam passar despercebidas); *cryptic* (ficar aberto para a ambiguidade e a incerteza, saber que você não tem todas as respostas); *art/scienza* (conseguir um equilíbrio entre a ciência e a arte, entre a lógica e a imaginação); *corporalità* (manter o corpo são para ter uma mente sã); e *connessione* (perceber que há ligação entre todas as coisas). Segundo o autor, se você seguir alguns desses passos no seu dia a dia, manter-se mais aberto para o novo e perder seu medo de experimentar e de tentar, vai abrir a mente para sair da mesmice e para se tornar um inovador. Se os passos deram certo para Leonardo da Vinci, vão dar certo para você. Outro *expert* em ideias, Clayton M. Christensen, um dos gurus quando se trata de inovação, segue um caminho parecido com o de Da Vinci. Em seu livro *DNA do inovador*, ele mostra que as habilidades fundamentais para inovar são associar, questionar, observar, trabalhar em rede e experimentar. Essa última, aliás, é muito importante: só consegue pensar fora da caixa quem se dá a chance de se surpreender com novidades e, para isso, é preciso sair para o mundo, ver o que ainda não viu, assumir riscos e experimentar o tempo todo.

O maior desafio da mudança é sair da inércia. E só é possível vencer a inércia quando tomamos uma atitude, nos levantamos e traçamos nossos planos de ação. Ou seja, assim que fechar este livro, não se deixe levar pelas mazelas da rotina. Agora que você já sabe o que precisa fazer para encontrar os tesouros escondidos, tem de dar continuidade ao seu projeto, planificá-lo, ter um cronograma e fazer muita pesquisa. Você tem muito trabalho pela frente: conferir viabilidade econômica, financeira, de mercado, jurídica, filosófica e cultural a ele. Contudo, garanto que será um trabalho prazeroso. Não há combustível melhor do que renovar a vida com uma postura de trabalho criativa. Agora é hora de parar de reclamar que as coisas não acontecem para você e começar a colocar a mente para funcionar em busca de novas conexões entre as coisas que existem e as oportunidades.

Seu próximo passo vai depender da sua ousadia e da sua perseverança. Seja no campo financeiro, seja num projeto corporativo, seja num projeto familiar. A vitória vem para quem se expõe aos riscos. Muitas ideias brilhantes ainda não foram criadas e você pode ser o autor de algumas delas. Acredite e cace seu tesouro escondido. Portanto, meu amigo, você precisa olhar direito e partir para a ação:

- Faça seu arquivo de ideias e situações que podem render uma sacada genial.
- Durma com a ideia, elaborando-a e questionando-a por 24 horas para que ela fique mais consistente.
- Seja o advogado do diabo da sua própria ideia.

- Convença as pessoas mais próximas.
- Parta para a luta!

Talvez você me pergunte: "Mas, Julio, e se eu fizer tudo isso e a ideia não der certo?" Olha, se de dez ideias você acertar uma, já pode ser algo fantástico. Muitas vezes, uma única ideia que dá certo pode gerar um ganho maravilhoso para a empresa e destaque profissional para você. Quer saber de uma coisa? Não fique aí travado, estagnado, pensando naquilo que pode dar errado. Comece a fazer seu trabalho e invista forte. Talvez você não acerte de primeira, mas com certeza vai acabar conseguindo chegar ao seu tesouro escondido. E depois vai entrar no que chamo de ciclo virtuoso de criação.

O CICLO VIRTUOSO DE CRIAÇÃO

Como já disse aqui, você não encontra tesouros escondidos tendo qualquer ideia. A jornada em busca da ideia brilhante que vai mudar o rumo do seu negócio tem muito mais transpiração do que inspiração. Portanto, seu primeiro passo será saber qual é o DNA da empresa em que você trabalha ou do seu negócio próprio. Qual é sua essência? Quais são os objetivos? Qual é o impacto/mudança de vida que oferece (ou pretende oferecer) às pessoas? Igualmente importante, em especial se você lidera uma equipe, é conhecer a fundo seus colaboradores. Será que eles de fato combinam com o propósito da organização? Lembre-se de que você vai precisar muito deles para colocar as ideias de pé. Então, precisa contar com um time disposto a ajudar e a criar.

A etapa seguinte é fazer uma radiografia do potencial da companhia. Verifique, por exemplo, quanto dinheiro ela tem para investir em novas ideias. Essa resposta é necessária para que as ideias que surgirem combinem com a realidade e as possibilidades da empresa. Não adianta nada inventar uma ação poderosa e caríssima de marketing se isso está fora de cogitação tendo em vista o dinheiro disponível. Entretanto, não é só em termos financeiros que você checa o potencial de uma empresa. Você vai precisar também conhecer o seu ativo "histórico". O que é isso? Trata-se de tudo o que essa organização já realizou, o que ela já oferece de valor para o público. O que ela tem ou faz de tão especial que a torna única? Certamente existe muita riqueza escondida por trás dessas respostas. Se você está montando um negócio inédito, ele ainda não tem um ativo histórico. Nesse caso, faça uma lista das razões pelas quais você chegou à conclusão de que sua ideia pode emplacar. O que pretende oferecer de especial? Como quer que seu negócio seja reconhecido? Por que acha que as pessoas vão se apaixonar por ele? Use todas essas informações como instrumento a serviço da criatividade. E então você estará pronto para ter as melhores e mais rentáveis ideias com o método que apresentei aqui.

Quando as ideias estiverem redondas – ou seja, testadas e aprovadas e começarem a dar resultados positivos –, você vai acabar embalando nesse ritmo. Explico: você vai passar a entender qual é a linha de ideias que funciona para o seu negócio. No caso do São Paulo Futebol Clube, percebemos que tínhamos torcedores apaixonados e fiéis – essa é a essência da torcida de um time de futebol. Mesmo em fases de derrotas, ninguém muda de time, não é mesmo? Muitas das ideias que começaram a surgir foram justamente para fazer esse torcedor/cliente se orgulhar ainda mais do São Paulo Futebol Clube e ter possibilidades de celebrar o fato de ser são-paulino. Foi por isso que a megaloja no estádio emplacou. Ali, os torcedores encontram um leque enorme de opções de produtos de seu time do coração. O batismo, que é um instrumento imbatível para seduzir e multiplicar os torcedores, também surgiu ao constatarmos essa necessidade do são-paulino de vivenciar ainda mais o amor pelo time. Como você pode ver, uma ideia vai puxar outra.

Para analisar o sucesso de uma ideia ou de um projeto, vai ser preciso fazer um trabalho de pós-venda. É a apuração final do que aquela ideia gerou – e isso é essencial para saber se você está no caminho certo dos tesouros escondidos. Nesse pós-venda, você vai verificar dois pontos-chave. Primeiro: se ela agregou valor financeiro – isso é totalmente tangível, uma vez que basta ver se foi possível obter lucro com ela. Segundo: se ela obteve ganhos institucionais e valorizou a marca. Esse segundo item é intangível e você descobre fazendo pesquisas de satisfação do cliente, analisando o engajamento dele, notando como está a imagem da sua marca na percepção de seu público.

Depois de encontrar a grande riqueza do São Paulo Futebol Clube e ver que essa marca poderia estar em todo lugar e permear a vida do torcedor de várias maneiras, ficou mais fácil ter mais e mais ideias que contemplassem esse objetivo. O mais interessante e lucrativo é que elas vão se complementando e formando uma rede cada vez mais forte que só torna sua marca mais rica e com potencial para chegar cada vez mais longe. A partir de alguns exemplos, é possível entender como essa mecânica funciona. A seguir descrevo algumas iniciativas que tivemos no São Paulo Futebol Clube.

NAS SALAS DE CINEMA

Poucas coisas representam melhor o Brasil no exterior do que o futebol. O pé de obra nacional também está entre os mais valiosos do mundo, sendo exportado para todos os cantos do planeta. Há jogadores nos grandes mercados da Europa, como Inglaterra, Alemanha, Itália e Espanha, assim como há jogadores em Angola, no Haiti, no Zimbábue... O futebol é a grande cultura por aqui. Atrás de uma bola, nós nos sentimos capazes de driblar economias gigantescas, cabecear entre tecnologias de ponta e fazer do verde e amarelo as cores de um mundo mais feliz.

Apesar de tamanho peso, o esporte bretão praticamente inexiste nas telas de cinema. Alguns especialistas dizem que isso ocorre porque é muito difícil filmar futebol. Outros garantem que, para agradar, qualquer filme precisaria ser muito bom, em decorrência do alto grau de conhecimento dos brasileiros sobre o assunto. Seja lá o que for, a verdade é que as produções nacionais estão cada vez melhores e mais reconhecidas mundialmente, mas teimavam em excluir de cena a bola, o drible e o gol.

Apaixonados por desafios como nós do São Paulo Futebol Clube somos, resolvemos contrariar a lógica e levar nosso querido clube às telonas. Não faltavam motivos para colocar o Tricolor em cartaz. Começamos criando DVDs. O primeiro deles surgiu para celebrar a conquista do Campeonato Brasileiro. Ele foi produzido pela Bossa Nova Filmes e ganhou o nome de *Tetra*: DVD Oficial do Campeão Brasileiro 2006. Uma parceria com o jornal *Lance!* permitiu que o filme fosse vendido em bancas de jornal. Um sucesso. Depois vieram muitos outros.

Chegou 2007 e mais um título nacional. Repetimos a dose. O embalo das vendas e a terceira conquista consecutiva do Brasileirão, algo inédito no país do futebol, rendeu o terceiro DVD em 2008. *Penta*: DVD Oficial do Campeão Brasileiro 2007. Em 2009, foi a hora de fazer uma retrospectiva histórica e colocar no mercado o *Tri:* Todos os gols dos campeonatos brasileiros de 2006, 2007 e 2008. E os números comprovam o triunfo da iniciativa. Os três DVDs receberam disco de platina e disco de ouro, provando que há um público interessado em consumir os registros dos momentos mais emocionantes do seu time.

Em 2011, ainda fizemos o DVD *Rogér100 Ceni*: Goleiro e artilheiro – DVD Oficial do Centenário. Como você pode ver, uma ideia bem-sucedida puxa outras. Fique de olho sempre que notar que você encontrou sua riqueza escondida. Se existe uma pedrinha de ouro ali naquela jazida, pode buscar que vai encontrar muito mais!

É o que eu sempre digo: o torcedor de futebol é o melhor cliente que existe na face da Terra, pois é movido por emoção, por amor. Porque, se sua operadora de telefone começa a pisar na bola, você logo parte para uma concorrente. O mesmo raciocínio se aplica ao seu jornal, à sua operadora de TV, ao provedor de internet... Já com o time de futebol, não. Quando a fase é ruim, você pode se chatear, se irritar, evitar falar sobre o assunto, mas dificilmente muda de clube.

Fomos, então, tomados de uma confiança incrível para encarar o desafio de levar a história do São Paulo às salas de cinema. Pode parecer um processo simples, mas não é. O Tricolor não poderia fazer feio logo em sua estreia e procuramos a G7 Cinema e o produtor Gustavo Ioschpe, especialista em longas sobre futebol. Em nenhum dos outros sete filmes que havia feito sobre o tema, Gustavo havia contado com um investimento tão alto quanto em *Soberano*: Seis vezes São Paulo.

O filme, com noventa minutos de duração, conta a história dos seis títulos brasileiros do Tricolor sob a ótica de torcedores comuns, integrando também depoimentos de jogadores que participaram de cada uma das conquistas. A equipe de produção teve oportunidade de conhecer casos curiosos e marcantes de torcedores por meio do site do filme, que abrigava um espaço para depoimentos. Os melhores acabaram virando personagens de *Soberano*.

Ficamos duas semanas em cartaz nas principais salas de cinema do país e o filme foi assistido por mais de cinquenta mil pessoas. *Soberano* também ficou entre os cinco documentários brasileiros mais vistos no cinema em 2010. Um feito histórico, digno do clube nacional que mais tem títulos mundiais e da Libertadores.

A VEZ DA VELHA GUARDA

O marketing é capaz de tudo, inclusive permite que idosos voltem no tempo e se tornem, ainda que por alguns minutos, verdadeiras crianças. Isso fica muito claro quando colocamos em ação o programa *Velha Guarda Tricolor*, em que muitos vovôs e vovós ocupam os lugares de crianças e entram no gramado com os jogadores, minutos antes de as partidas começarem.

Perdi a conta do número de senhores que vi chorando copiosamente depois de subirem ao campo do Morumbi de mãos dadas a Rogério Ceni e companhia. Nem tanto pelo fato de estar próximo de um ídolo da grandeza de nosso capitão, mas por terem a chance de entrar em um túnel do tempo e voltar algumas décadas.

Boa parte desses vovôs são-paulinos queria ter vivido a experiência de pisar no gramado do estádio quando criança, mas, por muitos motivos, isso não foi possível. O tempo passou, eles se tornaram pais, depois avós... restou, no entanto, o coração são-paulino e aquele velho sonho de viver a realidade dos atletas de futebol pouco antes de a bola rolar, com estádio cheio, adversário do outro lado, árbitro com o apito na boca...

O programa *Velha Guarda Tricolor* entra em ação pelo menos uma vez por ano, em geral durante alguma partida de peso. A lista de candidatos a mascote costuma ser imensa e damos preferência aos avós que acompanham os netos matriculados em escolas de futebol licenciadas pelo São Paulo Futebol Clube. É até uma forma singela de retribuição a eles, que incentivam as novas gerações a serem cada vez mais tricolores, por falarem dos craques do passado, dos títulos inesquecíveis, da construção do Morumbi. Cuidar dos integrantes da "melhor idade" é uma obrigação assumida por todos no São Paulo Futebol Clube. Afinal, eles são a história viva do nosso querido time.

MUDE DE PATAMAR!

Assim que você atingir o ciclo virtuoso das ideias, vai também se deparar com a roda gigante da prosperidade que o levará cada vez mais alto ao pensar em sua marca ou em seu produto. Quando isso acontecer, perceberá que será preciso rever seu valor. Há momentos em que você precisa ser humilde, mas há outras horas que representam a oportunidade de saber que merece mais. Esse é o caminho natural quando você começa a explorar uma riqueza que estava escondida. Vai ser preciso crescer e querer sempre mais.

As negociações ficarão cada vez maiores e os valores em jogo também. Esteja preparado para pensar grande e saber a hora de negociar o seu valor para assinar contratos cada vez maiores. Muita gente não sabe, mas uma das áreas de atuação do departamento de marketing de um clube de futebol diz respeito a todos os contratos assinados. Sejam eles ligados a um novo patrocinador para a camisa, ou a um fornecedor de material esportivo. Assumi o cargo de diretor de Marketing do São Paulo em 2005 e tive a chance de discutir a primeira prorrogação de contrato no começo do ano seguinte. Foi a deixa para dar um salto importante. Até então, era a Topper quem fornecia os uniformes para o time profissional e de juniores, em um contrato que rendia 1,8 milhão de reais por ano ao Tricolor. Desse valor, iam para os cofres do clube cerca de 1,2 milhão de reais, uma vez que os outros 600 mil reais eram utilizados na entrega do material esportivo.

As defesas de Rogério Ceni, a liderança de Lugano, a vontade de Josué, o talento de Amoroso e o gol de Mineiro, que valeu o título do Mundial de Clubes em 2005, permitiriam a nós adotar uma postura bem mais agressiva na roda de negociação. Afinal, o clube acabara de ser campeão paulista, da Libertadores e do mundo. E não poderíamos perder a oportunidade de avançar mais naquele momento.

A possibilidade de renovação com a Topper foi descartada rapidamente, diante da nossa nova pedida, que era bem mais alta. Confesso que, para os patamares brasileiros no fim de 2005, o que queríamos era uma loucura: 15 milhões de reais por ano, mais fornecimento de uniformes para todas as categorias de base, além das modalidades amadoras. Então, surgiu a Reebok, que gostaria de voltar ao mercado do futebol. Não era só. Também pleiteávamos que a Reebok bancasse a construção de uma megaloja com produtos do São Paulo, tendo no mínimo 700 metros quadrados, dentro do estádio.

E conseguimos. Começava ali, no início de 2006, um movimento de valorização da marca são-paulina, que impulsionou fortemente as contas do clube. Pouco depois, era hora de discutir o patrocínio da LG na camisa. A empresa de eletrônicos pagava 8 milhões de reais por ano para estampar sua marca na frente e nas costas. Além do acerto com a Reebok, havia outro episódio que nos permitia sonhar alto: o Corinthians havia acabado de firmar contrato com a Samsung, concorrente da LG, por 12 milhões de reais.

O Tricolor, na condição de campeão mundial, teria a obrigação de superar esse valor. Pelo menos era isso que pensávamos. E depois de muita negociação, fechamos um contrato de três anos que renderia 15,3 milhões de reais por temporada – o maior valor da história do futebol brasileiro até então. A LG ainda se comprometia a ceder equipamentos para todas as unidades do São Paulo Futebol Clube, como áreas sociais, Morumbi, Centro de Treinamento (CT) da Barra Funda... Até hoje, se você prestar atenção, verá televisor e ar-condicionado da LG por todos os lados nas instalações do São Paulo Futebol Clube.

É importante notar que, além de inflacionar os contratos, também tínhamos a preocupação de tornar nossos parceiros presentes não apenas no futebol profissional. O movimento pelo qual o São Paulo passava era de fortalecimento da marca principalmente em áreas sociais e como clube, afinal, era a relação emocional dos torcedores com o time que nos tornava fortes, e nada melhor para fortalecer essa relação do que tornar o ambiente do São Paulo Futebol Clube convidativo para seus fãs. Em 2007, sentamos à mesa com o pessoal da Coca-Cola. Saímos do encontro com um contrato de 3 milhões de reais por ano, mais a construção do Santo Paulo Bar, todo custeado por eles. A empresa ainda se comprometia a ceder bebidas para as festas do clube, além de patrocinar as tradicionais olimpíadas promovidas pela parte social.

O mesmo aconteceu com a Panini, que produz os álbuns de figurinhas da Copa do Mundo e do Campeonato Brasileiro.

O valor saltou de 100 mil reais por ano para mais do que o dobro, além da criação de um álbum exclusivo para nossos associados. E assim se seguiu com quem quisesse assinar contrato com o São Paulo, que fez valer seu tamanho e com isso aumentou os benefícios para os frequentadores do clube – o que, sem dúvida, trouxe benefícios não só para o São Paulo, como também para as empresas parceiras.

CAPÍTULO 6

TIRE PROVEITO DO MUNDO SEM FRONTEIRAS!

Graças à globalização e à internet, o mundo não tem mais limites para os negócios e as relações humanas. É possível expandir sua marca para todos os cantos do planeta, assim como encontrar o amor da sua vida em outro continente. Só essa realidade amplia – e muito – as chances de você descobrir tesouros escondidos em seu negócio. Quantas ideias podem surgir, não é mesmo? Quem abre a cabeça para a vastidão de oportunidades que o mundo atual proporciona sai na frente. E não é preciso estar em uma operação gigantesca, com muito dinheiro no bolso para se jogar no mercado global. Você pode ir além do seu bairro, da sua cidade, do seu estado, do seu país!

Foi o caso da Netshoes, empresa brasileira especializada em vendas de artigos esportivos, que não ficou parada no tempo e tem uma história muito interessante para contar. Tudo começou em uma portinha simples em São Paulo que vendia sapatos a preços baixos, um negócio tradicional e pequeno, administrado pelo proprietário, Márcio Kumruian, que abriu sua primeira loja na região central de São Paulo, em 2000. O nome com "Net" na frente era uma aposta de que, quem sabe no futuro, a empresa também ganhasse o espaço virtual. O negócio foi crescendo nos anos 2000 e a loja ganhou filiais em shoppings e academias. O sucesso no varejo tradicional era aparente, com oito lojas pela cidade. Mesmo assim, Márcio investiu em uma loja virtual, aberta em 2002 e que também ia muito bem. Tão bem que, em 2007, 70% das vendas eram feitas pela internet. Aí veio a decisão: seria melhor fechar as lojas físicas e investir apenas no mundo virtual. A decisão foi sábia. Tão sábia que a Netshoes se tornou uma das maiores pontocom brasileiras, chegando às cifras dos bilhões em 2012 e ampliando sua atuação para o exterior. Isso mostra quanto hoje é importante ter presença no mundo virtual, qualquer que seja seu negócio. E quanto desistir de lojas físicas (que costumam ter custo elevado de manutenção e aluguel) pode ser uma boa ideia. Como você pode ver, a globalização também deixa os diversos lugares do mundo cada vez mais próximos, e expandir os horizontes não é mais um plano tão difícil de alcançar.

Algumas marcas brasileiras e fortes também estão aprendendo a ser globais e usando o regionalismo a seu favor. É o caso da Natura, que resolveu levar seus produtos de beleza e higiene, feitos basicamente com ingredientes da flora brasileira, para a França. A Maison Natura, aberta em Paris em 2003, é uma amostra de que é possível se globalizar e aproveitar que o mercado está aberto sem perder o caráter regional. Esse, aliás, é o segredo de um negócio bem-sucedido: não deixar as raízes de lado. Tanto que a estratégia de marketing da Natura no exterior é mostrar que as nossas belezas naturais (e a das nossas mulheres) pode estar ao alcance dos estrangeiros. No site francês da marca, há até dicas de rituais de beleza tipicamente brasileiros, como o banho demorado que, claro, é mostrado como mais prazeroso quando se usam produtos da Natura.

CAPÍTULO
7

QUANDO TODOS GANHAM, O SUCESSO É CERTO

Eu já disse isso muitas vezes ao longo do livro, mas não canso de repetir: os tesouros escondidos estão em toda parte. Dentro do seu negócio e fora dele. Tudo que eles precisam é que você abra a sua cabeça para encontrá-los. Passe a caçar tesouros escondidos no campo emocional, pessoal, profissional, familiar ou de negócios. Não tem como ser diferente. Quando você passa a procurar os tesouros, isso se torna um estilo de vida. Não dá para isolar essa atitude só na esfera profissional. Tudo vai se encaixar. Afinal, as ideias aparecem onde menos esperamos e tudo tem conexão.

Desenvolver a sensibilidade de olhar as pessoas e procurar entender o que vai dentro do coração delas transformará você em um profissional melhor. E também em um ser humano melhor. Pare de pensar pequeno e agir pequeno. Abra-se para encontrar seu propósito de vida por meio da criatividade. Você pode reinventar sua vida a partir de agora e ter propósitos cada vez maiores que impactem de maneira positiva cada vez mais pessoas. Os grandes tesouros escondidos são aqueles que fazem bem para muita gente. Contudo, uma lição que aprendi é que uma boa ideia depende de pessoas para ser criada e para ser amada. Você não faz nada sozinho. A vida só traz retornos positivos para quem tem como missão de vida ajudar as pessoas e fazer o bem. Esse é o combustível dela e é isso que faz o mundo mudar para melhor.

Isso me lembra de um episódio ocorrido em 2002, quando o Luciano do Valle, na minha opinião o melhor narrador esportivo do Brasil, transmitiu um jogo especial pelo SBT. Aquela era uma época em que o SBT e a Rede Globo disputavam os direitos para transmitir o Campeonato Paulista. Houve uma guerra de liminares e, com isso, ora o SBT transmitia o jogo, ora a Globo transmitia. Às vezes, as duas emissoras passavam a mesma partida! Foi uma luta intensa por audiência.

Eu fiquei ao lado do Guilherme Stoliar, então vice-presidente do SBT e sobrinho do empresário Silvio Santos, representando as pretensões dessa emissora. Entre liminares concedidas, o SBT transmitiria com exclusividade, numa quarta-feira, o clássico entre Corinthians e Palmeiras, às 8h30 da noite, horário que nunca interessou a Rede Globo. Eu disse ao Stoliar que deveríamos aproveitar para transmitir o jogo com uma grande novidade. Sugeri que convidássemos o narrador Luciano do Valle para narrar somente esse jogo pelo SBT, como uma ocasião especial. Luciano tinha contrato com a Rede Bandeirantes, mas estava afastado havia alguns anos, morando em Porto de Galinhas, no estado de Pernambuco. Guilherme gostou da ideia e a levou para Silvio Santos. Silvio também gostou, mas não ficou muito otimista com a concretização dela. Stoliar e eu então combinamos o jogo: para conseguir a liberação e o empréstimo do narrador, eu falaria com o Luciano e ele com o presidente da Rede Bandeirantes, o João Saad. Luciano se sentiu honrado com o convite e disse a mim que, se a Band o liberasse, faria o clássico com o maior prazer. Foi o que aconteceu, a Band deu a permissão ao Valle e ele narrou o jogo com toda a sua equipe da Band. Foi um grande *case* e a transmissão do jogo gerou uma audiência de 26 pontos de média, concorrendo com força com a novela da Rede Globo.

Como forma de valorizar o evento, fizemos muitas chamadas especiais da programação e fechamos com chave de ouro ao mostrar o narrador recebendo das mãos de Silvio Santos o troféu imprensa que havia conquistado no ano anterior. Foi algo inesquecível, que trouxe de volta o maior narrador de futebol ao mundo das grandes transmissões e ainda ofereceu ao telespectador um ingrediente a mais em algo tão simples como um jogo de futebol.

OS TESOUROS ESCONDIDOS NAS RELAÇÕES

Você vai conseguir viver a plenitude dos tesouros escondidos se estiver rodeado de pessoas do bem e que o querem bem. Bons amigos que têm os mesmos propósitos que você. Caçar tesouros escondidos é viver em contato com as pessoas, relacionar-se e trocar ideias. Como dizem por aí, duas cabeças pensam melhor que uma. Portanto, o caçador de tesouros escondidos não é um homem isolado. Ele conhece o valor de estar dentro de um grupo que tem em comum um mesmo objetivo. Ele também não quer os louros só para si. Sabe reconhecer que cada passo rumo ao sucesso tem a participação de outras pessoas. Por isso é tão importante saber cultivar relacionamentos.

O marketing está em contato constante com diversas áreas de uma empresa, e quem trabalha com isso precisa saber se relacionar bem – tanto para fazer algo objetivamente relacionado a um projeto quanto para ter ideias inovadoras que só surgem quando saímos da nossa zona de conforto e vamos atrás de pontos de vista muito diferentes. Pensando externamente, cultivar relacionamentos é essencial para trazer os clientes para o seu lado, fazendo com que se crie uma parceria de sucesso. Ao trabalhar dessa maneira, é impossível não formar uma rede de grandes amigos que serão valiosos pela vida toda. Então, não se esqueça disso: se quer viver o fluxo da prosperidade dos tesouros escondidos, cultive relacionamentos duradouros e verdadeiros.

Até hoje, nós, da diretoria do São Paulo Futebol Clube, temos o hábito de discutir importantes assuntos e realizar reuniões de trabalho durante jantares. Considero que as ideias surgem com mais facilidade quando a barriga está alimentada e os ânimos, descontraídos. E a riqueza das relações humanas está também nas divergências, nos momentos em que, ainda que queiramos o mesmo objetivo, discordamos de nossos pares. Muitas vezes, da discordância nasce uma grande ideia. Um jantar, em especial, ficará marcado para sempre na minha memória. Estávamos em 2007 e não havia grandes motivos para crise, uma vez que o futebol, o carro-chefe de qualquer clube, caminhava rumo ao bicampeonato brasileiro.

No entanto, Marcelo Portugal Gouvêa e eu acabamos divergindo em alguns assuntos. Presidente entre 2002 e 2005, Marcelo ocupava então o cargo de diretor de planejamento e tinha voz ativa dentro de nosso grupo. A discussão entre nós acabou se tornando áspera, algo que nunca ocorrera desde que nos conhecemos. Ele falava alto de um canto da mesa, eu respondia de outro...

Fui para casa arrasado. Como pude discutir tão duramente com alguém por quem eu tinha tanto respeito e carinho? A consequência se deu na cama. Rolei de um lado para outro a madrugada inteira e não consegui dormir sequer um minuto. Logo que os primeiros raios de sol surgiram, peguei o telefone e liguei para Marcelo.

Assim que ouvi sua voz, disse que queria pedir desculpas. Ele aceitou e também fez questão de se desculpar, dizendo que mal havia conseguido fechar os olhos. Rimos longamente com a triste coincidência da insônia e, a partir daquele dia, estreitamos ainda mais nossa amizade. Discordar é positivo, e até brigar é válido – pois demonstra que acreditamos com paixão em nosso propósito –, mas o grande segredo para lucrar com isso é nunca esquecer que estamos do mesmo lado das trincheiras, que somos, afinal, um time.

Esse mesmo doutor Marcelo, como era carinhosamente chamado, já havia me conquistado muito antes desse episódio. Não tenho medo de apontá-lo como a pessoa a quem sou mais grato dentro do São Paulo Futebol Clube. Foi ele, com sua visão de futuro, que possibilitou a criação do Gesp. Apesar de muitas vozes contrárias, algo típico do conservadorismo que cerca as administrações dos clubes de futebol, Marcelo teve coragem para dar os primeiros passos rumo à formação de uma filosofia de marketing profissional.

É impossível não se lembrar da conversa que tivemos alguns meses antes de sua eleição como presidente, em 2002, quando queria saber como eu poderia contribuir com ideias. Foi conduzido por ele que me tornei diretor de Marketing e, anos mais tarde, vice-presidente de Comunicação e Marketing.

Marcelo se foi no dia 29 de novembro de 2008, enquanto tentava se recuperar de uma cirurgia para a implantação de uma ponte de safena no coração. Saudoso presidente, seja lá onde você estiver, espero que tenha orgulho de ver que a sementinha que você ajudou a plantar lá atrás hoje se tornou uma árvore cheia de frutos, que representam muito do faturamento do São Paulo Futebol Clube. Marcelo foi um dos amigos que abriu os caminhos para que eu conseguisse ajudar o clube a encontrar seus tesouros escondidos.

QUEM TEM AMIGOS JÁ ESTÁ RICO

Todo mundo está sujeito a ter momentos de insegurança na carreira – até mesmo quem já descobriu muitos tesouros, como é o meu caso. A diferença é que um profissional que já sabe o caminho não fica estagnado com uma má notícia. Em vez disso, ele sai em busca de novas oportunidades e transforma algo que parecia ruim em mais uma chance de crescimento. Posso dizer que minha demissão do SBT foi a grande alavanca de uma grande oportunidade na Rede Record. Ingressei no SBT a convite do Silvio Santos e lá iniciei uma carreira muito promissora. Aprendi muito naquela bela casa. Iniciei como assessor da diretoria de rede, depois me tornei gerente, mais tarde diretor executivo de rede e depois superintendente de rede, também respondendo pelas vendas de fora de São Paulo. No tempo em que passei no SBT, conseguimos muitos avanços, como expandir a rede e a cobertura da emissora, trabalhando pela qualidade das afiliadas e das emissoras próprias. Minha equipe e eu também fomos responsáveis por implantar o jornalismo local nas emissoras próprias do SBT, que até hoje está no ar. Nessa época o jornalismo era muito rentável e agregava audiência e prestígio ao canal. Foi minha contribuição, eu creio, deixar um legado para o Grupo Silvio Santos. Contudo, em 2003, com a chegada do senhor Eugênio Negrette, mexicano, antes executivo da Televisa, para exercer o cargo de vice-presidente do SBT, as divergências entre mim e ele eram marcantes, e a minha saída estava pavimentada. Soube na antevéspera que seria desligado do SBT, após algumas tentativas frustradas daquele executivo de me demitir. Silvio resistiu quanto pode, mas em 28 de junho de 2004 me desliguei da empresa e me orgulho muito de ter passado por ali.

No dia seguinte, acordei atordoado com toda a reviravolta que havia acontecido em minha carreira. Estava vivendo meu primeiro dia desempregado e, mesmo entendendo que já não havia mais maneiras de continuar no SBT, me senti sem chão. E foi nesse momento de instabilidade que tive provas concretas de que a construção de amizades ao longo da vida é a maior riqueza que se pode ter. Guilherme Stoliar, grande amigo e competente diretor de tevê (e que hoje preside o Grupo Silvio Santos), me convidou para um almoço. Nossa, estava precisando disso! E a solidariedade dele comigo foi imensa. Coisa de parceiro mesmo. Foi a partir desse momento que comecei a colher de verdade os frutos de uma vida pautada em encontrar tesouros não apenas nos negócios, mas também nos relacionamentos que havia desenvolvido ao longo do tempo. Nunca mais me esqueci da atitude generosa do grande amigo Stoliar. No dia seguinte, mais uma ligação muito bem-vinda. Era o Boni, o grande mestre da tevê brasileira. Também marcamos um almoço. Dessa vez nos reunimos em três: eu, ele e o advogado e meu grande amigo doutor Aranha. Fomos ao antigo e tradicional restaurante Mássimo, que hoje infelizmente nem existe mais. Lá celebramos o encontro saboreando dois belos vinhos escolhidos pelo Boni, mestre também nesse quesito. Foi inesquecível. Na época ele tinha uma ligeira pretensão de ainda formar uma rede, mas concretamente a TV Vanguarda no Vale do Paraíba estava dando seus primeiros passos. No meio da conversa, ele já me fez um convite: ser um de seus executivos naquela afiliada global. Para mim foi uma honra ser cogitado para aquele cargo e também uma injeção de ânimo para lidar com aquela. Tive ali a certeza de que seria apenas uma fase. Que bom! Prometi que pensaria na ideia e voltaríamos a nos falar no momento oportuno. E tive muito mais amigos que me estenderam a mão e se colocaram à disposição durante esse momento de mudança. Não posso deixar de registrar que o Quico, José Francisco Coelho

Leal, presidente da agência de marketing esportivo SportPromotion, também me procurou. O meio e meus amigos já de vários anos vieram ao meu encontro e recebi solidariedade e novas propostas. Estava certo de que quem tem amigos tem tudo. Já é rico.

Entre tantas oportunidades, o convite que me seduziu muito veio do meu grande amigo Walter Zagari. O homem que considero o maior vendedor do Brasil me convidou para ingressar na Rede Record. Ele também havia sido superintendente do SBT na mesma época que eu. Fomos colegas por vários anos naquela empresa e foi uma grande satisfação poder voltar a trabalhar ao seu lado. Assinei o contrato com a Record em 5 de julho de 2004 e foi assim que se deu o início da implantação da área de projetos especiais da rede. Hoje ela já é uma realidade e uma das forças importantes da composição de faturamento da emissora. Conheci a Rede Record, empresa séria e planejada com dirigentes obstinados ao crescimento. Lá me senti – e me sinto – em casa, com ampla liberdade para criar e desenvolver ideias diferenciadas. O Zagari sentia que o meu potencial poderia ser mais concentrado nas vendas, aliando oportunidades, ideias criativas e ótimos resultados comerciais. Como visionário que é, acertou uma vez mais. Sou seu diretor com muito honra. Ele é o vice-presidente Comercial da Record. Nunca na história uma emissora de tevê cresceu tanto quanto a Record, e tenho prazer de fazer parte desse time campeão!

CAPÍTULO
8

SUA PAIXÃO VAI APAIXONAR MUITA GENTE

O maior tesouro da minha vida profissional é o fato de eu me envolver em projetos pelos quais sou apaixonado. Acredito que as ideias fluem com mais naturalidade quando você tem a chance de trabalhar com aquilo de que gosta. Sou fascinado pelo que faço na tevê. Não temos muita rotina e isso combina com uma pessoa de mente inquieta como eu. Um dia é diferente do outro, com novos projetos e novos desafios. Além disso, vender é uma arte que me seduz. Eu me envolvo de verdade com cada etapa desse processo: fazer a prospecção, começar as negociações, convencer, fechar a venda e, depois, receber o *feedback* no pós-venda.

Costumo dizer que para vender bem você tem de ter bons produtos e deve encantar o cliente. É um jogo de sedução. No ato da venda, acabamos gerando uma relação de cumplicidade. Um pouco mais tarde, vem a amizade e, depois, o relacionamento mais constante que é imprescindível para uma boa e duradoura relação comercial. Você só consegue chegar a esse nível de cumplicidade se tiver paixão. Dá para perceber à distância alguém totalmente apaixonado: a postura, a linguagem, a roupa, a pontualidade, tudo demonstra envolvimento... Como em um namoro. Esse engajamento acaba fazendo com que os tesouros escondidos sejam descobertos – e isso só me dá mais motivação para encontrar novas metas e desafios. Um dos projetos que me deu mais orgulho até hoje na tevê é o Recordistas. Ele está há três anos e meio no ar, ocupando lugar fixo no programa *Esporte fantástico* e também em chamadas especiais. Sempre foi patrocinado. Considero um exemplo de sucesso, porque reúne duas características essenciais. Em primeiro lugar, tem conteúdo importante e significativo. Em segundo, possui demanda comercial.

O São Paulo Futebol Clube também é uma grande paixão que virou um trabalho – e tenho até a sorte de poder compartilhar isso dentro de casa. Meus filhos, o Julinho, de 19 anos, e a Deborah, de 15, nasceram e cresceram dentro do clube. Eles, inclusive, estiveram entre os primeiros a participar do Batismo Tricolor. Nunca vou me esquecer de um amistoso realizado entre o São Paulo e o Ajax, em 1997. Fui um dos responsáveis pelo jogo, porque trabalhava na época no SBT, que faria a transmissão ao vivo.

Naquele dia, aos 2 anos, o Julinho entrou em campo pela primeira vez. O Juizado de Menores não queria permitir que ele subisse ao gramado, por ter menos de 5 anos, então o Rogério Ceni, sempre muito carinhoso, escutou tudo e se responsabilizou. Meu filho entrou no Morumbi nos braços do nosso capitão e só saiu de campo após a execução do hino.

Outro dia, eu e meu filho fomos assistir a um jogo no Morumbi e, no vestiário, cruzamos com o Rogério Ceni. Ele então olhou para o Julinho e falou: "Peguei esse menino no colo. Olha como ele ficou grande".

Já a Deborah adorava entrar em campo com o Mineiro, autor do gol que valeu o terceiro título mundial, em 2005. Ela me enche de orgulho quando joga com a camisa do São Paulo campeonatos nas quadras de tênis do São Paulo Futebol Clube. Apesar de muito nova, tem se mostrado bastante talentosa e se federou pelo Tricolor como tenista. Então, costuma disputar torneios interclubes e já aconteceu de jogar em pleno Parque São Jorge. Com os filhos são-paulinos convictos, quero continuar trabalhando à frente do Tricolor para que meus netos, bisnetos e tataranetos sigam fiéis ao vermelho, branco e preto. Ou seja, tudo o que fiz, o tempo que passei quebrando a cabeça, ou conversando sobre o que seria bom para o clube, as horas que gastei, nada disso foi um sacrifício, pois era fruto da paixão. A próxima meta é fazer com que o São Paulo Futebol Clube tenha a maior torcida do Brasil até 2022. Eu tenho convicção de que é possível chegar lá.

A paixão nos permite acreditar no que fazemos e a colocar ideias de pé. Paixão é contagiante. Seduz e cativa. É isto que o cliente quer: ser encantado, bem tratado, surpreendido positivamente com iniciativas diferentes – e é isso que procuro fazer cada vez mais na Rede Record, no São Paulo Futebol Clube e em qualquer desafio que se apresente na minha vida profissional ou pessoal. A paixão me faz concluir que não existe tarefa pequena demais que não me ensine algo ou solução que seja impossível demais para ser encontrada. E um dos maiores indícios de que você faz as coisas com paixão é quando começa a colher os frutos desse trabalho, começa a fechar o ciclo das suas ações e passa a ter retornos positivos. Apaixonar muita gente com suas ideias é a chave para encontrar seus tesouros escondidos. Esse é o combustível para a vida.

Este livro foi impresso pela gráfica
Cromosete em papel pólen 90 g.